btb

Buch

Im alten Griechenland spielten sie eine zentrale Rolle, denn mehr noch als auf Verhandlungsgeschick oder den Beistand der Götter verließ man sich in brenzligen Situationen auf die Muskelkraft und den Listenreichtum eines lokalen Helden. Gekämpft wurde dabei mit harten Bandagen, denn entscheidend – oft über Leben oder Tod – war der Sieg. Ehre, Fairneß oder Loyalität – alles wunderschöne Dinge, aber nur in Sonntagsreden. Stand der Held erst einmal dem bewaffneten Feind gegenüber, waren alle Mittel erlaubt. Denn im Gegensatz zum mittelalterlichen Ritter war er ein hinterlistiger Geselle der übelsten Sorte und oft genug auch ein Verräter. Doch seine Taten wurden in zahlreichen Epen besungen, und sein Name war fortan unsterblich. Jedes Kind kannte den bärenstarken Herakles, den mutigen Theseus und den listenreichen Odysseus.
Nun hat Luciano De Crescenzo, der »lachende Philosoph aus Neapel«, es sich zur Aufgabe gemacht, diese Helden auch dem modernen Leser wieder ins Gedächtnis zu rufen und ihm zu zeigen, daß die Rambos von heute durchaus ihre Vorläufer hatten. Wenn auch vielleicht die alten Helden ihr Köpfchen besser zu gebrauchen wußten, als dies bei den heutigen »Supermännern« der Fall ist…

Autor

Luciano De Crescenzo, geboren in Neapel, arbeitete als Ingenieur bei IBM, bis der überwältigende Erfolg von »Also sprach Bellavista« sein Leben radikal veränderte. Was immer er danach schrieb, es wurde zum Bestseller. Mittlerweile ist Luciano De Crescenzo in seiner Heimat eine Institution.

Im Knaus Verlag bereits erschienen

»Helena, amore mio«, »Im Bauch der Kuh«, »Meine Traviata«, »Alles fließt, sagt Heraklit«, »Die Kunst der Unordnung« und »Der Listenreiche«.

Bei btb bereits erschienen

»Lob des Zweifels«, »Alles fließt, sagt Heraklit«, »Von der Macht der Liebe«, »Kinder des Olymp« sowie »Die Kunst der Unordnung«.

Luciano De Crescenzo

Als Männer noch Helden sein durften

Antike Mythen neu erzählt

Deutsch von Bruno Genzler

btb

Die italienische Originalausgabe erschien 1992 unter dem Titel
»I Miti degli Eroi« bei Arnoldo Mondadori Editore, Mailand.

Umwelthinweis:
Alle bedruckten Materialien dieses Taschenbuches
sind chlorfrei und umweltschonend.

Btb Taschenbücher erscheinen im Goldmann Verlag,
einem Unternehmen der Verlagsgruppe Bertelsmann.

1. Auflage
Deutsche Erstveröffentlichung Juli 1999
Copyright © 1992 by Luciano De Crescenzo
First published by Arnoldo Mondadori Editore, Milano, 1992
Copyright © der deutschsprachigen Ausgabe 1999
by Wilhelm Goldmann Verlag, München,
in der Verlagsgruppe Bertelsmann GmbH
Umschlaggestaltung: Design Team München
Umschlagfoto: AKG, Berlin
Satz: Uhl + Massopust, Aalen
CV · Herstellung: Augustin Wiesbeck
Made in Germany
ISBN 3-442-72151-2

INHALT

I

Heldenporträt

Stellen Sie sich vor, Sie unternähmen einen kleinen Spaziergang im Dschungel. Wen würden Sie da lieber an Ihrer Seite wissen: Umberto Eco oder Rambo? In dieser Frage könnte man das Problem zusammenfassen, vor dem unsere Vorfahren in der Bronzezeit standen. Nun, Eco soll es uns nicht übelnehmen, aber die Antwort lautet einstimmig: Rambo!

In der Welt des klassischen Altertums war der Held die alles überragende Persönlichkeit. Er war wichtiger als die bildenden Künstler, die Poeten, die Politiker und sogar die Götter, denn das Wohlergehen der gesamten Gemeinschaft hing von seinen Körperkräften und seiner Tapferkeit ab.

Zu Sokrates' Zeiten war es praktisch an der Tagesordnung, versklavt zu werden. Wie leicht es einem damals passieren konnte, den Rest seines Lebens in Ketten verbringen zu müssen, läßt sich schon am Zahlenverhältnis zwischen Sklaven und freien Bürgern im vierten Jahrhundert v. Chr. erkennen: In Athen war es vier zu eins, in Hafenstädten wie Korinth, wo Hunderte von Schiffen mit ständig angeketteten Rudermannschaften vor Anker lagen, sogar acht zu eins. Ein Rudersklave wurde seine Ketten nämlich erst wieder los, wenn er tot war. Solange er lebte, war er praktisch eins mit seiner Ruderbank. Essen, trinken, schlafen, die Notdurft verrichten oder auch ertrinken, all das erledigte er an seinem Arbeitsplatz.

Im antiken Griechenland wurden die Schutzmauern einer Stadt durchschnittlich alle zwanzig Jahre einmal gestürmt. Mit anderen Worten: Jeder erwachsene Grieche mußte damit rechnen, diese traumatische Erfahrung mehr als einmal im Leben durchzumachen. Bei dieser Sachlage ist es nur zu offensichtlich, daß es einer Art Lebensversicherung gleichkam, sich auf einen zwei Meter großen, unerschrockenen und blutrünstigen Hünen verlassen zu können. Manchmal reichte allein sein Ruf schon aus, um die feindlichen Nachbarn abzuschrecken, und das auch, wenn der Held längst tot und begraben war. Man streute einfach das Gerücht aus, er kämpfe als Geist weiter, und das genügte schon, um abergläubische Aggressoren in Angst und Schrecken zu versetzen. Pausanias erzählt, daß die Lokrer, als sie einmal von den Krotoniaten angegriffen wurden, den verblichenen Kleinen Aias um Hilfe angefleht hätten und daß es dem Helden, der wie zu seinen besten Lebzeiten kämpfte, auch tatsächlich gelang, Leonymos, den Anführer der Feinde, ins Herz zu treffen (vgl. Pausanias, *Reisen in Griechenland,* III, 19, 12). In der Reihe »Die Gräber öffnen sich, die Toten stehen auf« erzählt Herodot, daß während des Einfalls der Perser in Griechenland unter König Xerxes bei dem Heiligtum von Delphi zwei schwerbewaffnete riesige Krieger gesehen wurden. Sie seien aus ihren Gräbern gestiegen und hätten wie die Besessenen gekämpft. Es waren die Dämonen *(daimon)* von Phylakos und Autonoos, zwei lokalen Heroen, die einige Jahre zuvor gestorben waren (vgl. Herodot, *Historien,* VIII, 39). Nun muß man wissen, daß »Dämon« ursprünglich nicht »Teufel« bedeutete, sondern einfach »Seele des Verstorbenen« oder besser noch »Geist«. In Friedenszeiten nahm das Wort dann die freundlichere Bedeutung »Seliger« an, womit der Held zu einer Art heiligem Beschützer wurde mit der Funktion, zwischen seinen ehemaligen Mitbürgern und den Göttern im Olymp zu vermitteln.

Die Gräber der Heroen waren Heiligtümer *(heroon)*, die die Bürger zu jeder Tageszeit zum Beten aufsuchen konnten, und wo anläßlich von Kriegen oder anderer Katastrophen Schutzrituale abgehalten wurden. Normalerweise bestanden diese Gräber aus einem einfachen Marmorblock von beträchtlichen Ausmaßen, der im Zentrum einer teilweise noch mit Statuen ausgeschmückten Kolonnade aufgestellt und fast immer von einem Garten mit einer Umfassungsmauer umgeben war. Die Tradition sah vor, daß in einem Graben vor dem Monument auf der nach Osten gelegenen Seite den Göttern Opfer gebracht wurden, und zwar keine Zugtiere (zu wertvoll für die Landwirtschaft), sondern Lebensmittel wie Wein oder Milch oder auch duftende Salben, damit der Held auch im Jenseits jene Dinge genießen konnte, die er zu Lebzeiten am meisten geschätzt hatte. Im Fall des Kleinen Aias, der auf dem offenen Meer Poseidons

Dreizack zum Opfer gefallen war, verbrannten und versenkten die Lokrer jedes Jahr ein Schiff, das bis oben hin mit Proviant beladen war, um auf diese Weise den Helden mit seinen Lieblingsspeisen zu versorgen.

Der *heroon* war ein geweihter Ort, und es galt als mit dem Tod zu sühnendes Verbrechen, dort einen Baum zu fällen oder auch nur einen Ast abzubrechen (vgl. Aelian, *Varia Historia*, V, 17). Bei manchen Gräbern, wie dem der Heldin Hyrnetho in Epidauros, war es sogar verboten, die Oliven aufzusammeln, die von den Bäumen fielen (vgl. Pausanias, *Reisen in Griechenland*, II, 28, 3). Erlaubt war es aber, sich im Garten vor dem Grab niederzulassen und sich an den verstorbenen Helden zu wenden. Und es soll vorgekommen sein, daß die angerufene Seele tatsächlich antwortete. So berichten Fischer von den Dardanellen, daß in manchen Sturmnächten noch heute die Stimme Achills zu hören sei, der die Verse der *Ilias* vorträgt, untermalt von Waffengeklirr und dem Lärm herangaloppierender Streitwagen aus der nahen trojanischen Ebene. Bei anderen Grabstätten war es hingegen totenstill. Der griechische Historiker Strabon erzählt, daß in der Nähe von Oropos das Grab eines Helden errichtet war, der »der Schweiger« genannt wurde. Alle, die daran vorübergingen, hatten zu verstummen, um ihn nicht beim Meditieren zu stören (vgl. Strabon, *Geographica*, IX, 404). Manche Gräber befanden sich aber auch in öffentlichen Gebäuden. Damit sollte es dem Helden ermöglicht werden, weiter am Leben der Gemeinschaft teilzunehmen. Im folgenden Pausanias, der von einem dieser Fälle berichtet:

Es gibt auch Gräber in der Stadt Megara. Eines Tages ging Aisymnos, der an Ansehen keinem in Megara nachstand, zum Gott nach Delphi und fragte, wie sein Volk größeren Wohlstand erlangen und glücklicher leben könne. Und der Gott antwortete ihm unter anderem, auch den Megarern würde es gutgehen, wenn sie mit »der Mehrheit« Rat halten würden. Und Aisymnos glaubte nun, daß mit dieser »Mehrheit« die Helden gemeint seien, und so bauten sie dort ihr Rathaus, damit das Grab der Heroen innerhalb des Rathauses sei.
(vgl. Pausanias, *Reisen in Griechenland*, I, 43, 3)

Nicht nur zwecks Beratung durch die Toten wurden Grabstätten mitten ins Stadtzentrum verlegt. Die Spartaner errichteten sie zum Beispiel fast immer an vielbesuchten Orten (manchmal sogar mit zur Schau gestelltem Leichnam), um dem Volk und vor allem den Kindern Gelegenheit zu geben, sich mit dem Tod auseinanderzusetzen.

Neben den »vollen« gab es auch leere Gräber. Häufig war nämlich der Held zum Sterben in ferne Länder gezogen, zum Beispiel nach Troja, und auch in einem solchen Fall wollte seine Geburtsstadt nicht darauf verzichten, ihm in der Heimat ein Grab zu errichten. So erklären sich zum Beispiel die doppelten Grabstätten von Achill und Iolaos, Talthybios, Pandion und vielen anderen, ganz zu schweigen von den Drei- und

Vierfachgräbern jener Helden, als deren Geburtsort sich gleich mehrere Städte rühmten.

Zusammenfassend läßt sich sagen, daß ein Held niemals ganz starb. Zumindest ein Plätzchen in der Schar der unsterblichen Götter war meist für ihn drin. So sehen wir nicht zufällig viele Helden auf Vasengemälden mit dem klassischen Heiligenschein hinter dem Kopf. Ein wahrer Held hatte schon zu Lebzeiten alles dafür getan, um bei seinen Mitmenschen als Halbgott zu gelten. So macht Hektor zum Beispiel in seiner Rede an die Troer keinen Hehl aus dieser Absicht:

(...) »Oh, so gewiß nur
Möcht' ich unsterblich sein und blüh'n in ewiger Jugend,
Ehrenvoll, wie geehrt wird Athene selbst und Apollon.«
(Homer, *Ilias*, VIII, 538–540)

Kurzum, dem Helden war nur eine Sache wirklich wichtig: aus dem Kampf als Sieger hervorzugehen. Alles andere war nebensächlich. Loyalität, Ehre, Einhaltung von Verträgen – alles wunderschöne Dinge, aber nur in Sonntagsreden. Stand er erst einmal dem bewaffneten Feind gegenüber, gab es kein moralisches Gebot mehr, von dem er sich hätte einschränken lassen. Denn im Unterschied zum mittelalterlichen Ritter ist der griechische Held ein hinterlistiger Gesell übelster Sorte, und oft genug auch ein Verräter. So will sich Odysseus zum Beispiel an seinem Waffenbruder Palamedes rächen und beschuldigt ihn deshalb, mit dem Feind zu paktieren. Und um seine Anschuldigung zu untermauern, versteckt er unter dem Lager seines Widersachers einen Beutel mit Goldmünzen, dem angeblichen Lohn für den Verrat. Ein anderer Fall: Diomedes tötet Dolon, obwohl er ihm hoch und heilig versprochen hat, ihn zu verschonen, wenn er ihm Informationen über die zahlenmäßige Stärke des Feindes liefere. Oder Peleus: Er wirft seinem Bruder einen Diskus an den Kopf – mit tödlichen Folgen –, nur weil dieser es gewagt hatte, ihn im Wettkampf zu schlagen. Und Herakles gibt vor, seinem arglosen Gast Iphitos die schöne Aussicht zeigen zu wollen und schleudert ihn von der Stadtmauer in die Tiefe. Und das ist nur eine kleine Auswahl.

Dazu kommen die Beleidigungen und Verwünschungen, die sich die Helden im Streit gegenseitig an den Kopf werfen. Hier einige Beispiele:

Achill zu Agamemnon im ersten Buch der *Ilias*, in dem es um den »heiligen Zorn« des Achilles geht:

> *»Ha, du in Unverschämtheit Gehüllter, sinnend auf Vorteil!*
> *Wie nur gehorcht dir willig noch ein Heer der Achaier,*
> *mit dir zu ziehen und kühn mit dem Feinde zu kämpfen?*
> (vgl. Homer, *Ilias*, I, 149ff.)

> *»Trunkenbold, mit dem hündischen Blick und dem Mute des Hirsches!*

Niemals weder zur Schlacht mit dem Volke zu-
gleich dich zu rüsten,
Noch zum Hinterhalte zu gehn mit den Edlen
Achaias,
Hast du im Herzen gewagt! Das scheinen dir
Schrecken des Todes!«
(ebda., I, 225 ff.)

Hektor zum fliehenden Diomedes:

»Tydeus Sohn, dich ehrten die reisigen Helden
Achaias
Hoch an Rang durch Speis' und wohlgefüllte
Becher.
Künftig verachten sie dich; wie ein Weib er-
scheinst du nunmehr,
Fort, du zagendes Mädchen! (...)
(ebda., VIII, 164 ff.)

Achill zum sterbenden Hektor:

»Nicht beschwöre mich, Hund, bei meinen Knien
und den Eltern!
Daß doch Zorn und Wut mich erbitterte, roh zu
verschlingen
Dein zerschnittenes Fleisch für das Unheil, das du
mir brachtest!«
(ebda., XXII, 345 ff.)

Odysseus zu einem unbekannten Waffenbruder:

14

»Halt du! Rege dich nicht, und hör auf anderer Rede,
Die mehr gelten denn du! Unkriegerisch bist du und kraftlos,
Nie auch weder im Kampf zählest du mit noch im Rate!«
(ebda., II, 200 ff.)

Hektor zu Paris, als er diesen einen winzigen Moment zögern sieht, bevor er sich Menelaos zum Zweikampf stellt:

»Weichling, an Schönheit ein Held, weibsüchtiger, schlauer Verführer!
Wärest du nie doch geboren, das wünscht ich dir, oder gestorben,
Eh du um Weiber gebuhlt! Viel heilsamer wäre dir solches,
Als nun so zum Gespött dastehn und allen zum Anschaun!«
(ebda., III, 39 ff.)

Wie wir sehen, ist der homerische Held so etwas wie ein Gemisch aus Rambo und D'Artagnan mit Tugenden und Lastern zu mehr oder weniger gleichen Anteilen. Daß es ihm an Mut fehlen würde, kann man sicher nicht behaupten, doch gleichzeitig ist ihm die *pietas* vollkommen fremd. Dafür ist er mißgünstig, hochmütig und skrupellos. Was ihn über alle Maßen erregt, ist der Kampf, und jedermann ist für ihn in erster Linie ein Rivale. Krassestes Beispiel: die Zwillinge Proitos und Akrisios, die schon im Mutterleib zu streiten begannen.

Wenn wir uns nun von der Beziehung des Helden zu seinen Feinden ab- und der zum weiblichen Geschlecht zuwenden, sieht die Sache nicht viel besser aus. Auf eine Helena, die ihren Gatten betrügt, kommt ein ganzer Schwarm von Helden, die sich durch das Verlassen des ehelichen Lagers auszeichnen: Theseus setzt Ariadne auf einer einsamen Insel aus, Iason schickt zunächst Hypsipyle und später dann auch Medeia in die Wüste, Aeneas läßt die arme Dido in einem Meer von Tränen zurück, Paris gibt der Nymphe Oinone den Laufpaß und eilt zu seiner Verabredung mit Hera, Athene und Aphrodite. Wie sich die verführten und dann schmählich verlassenen Frauen dabei fühlten, erfahren wir von Ovid, der ihre letzten, imaginären Liebesbriefe veröffentlicht hat, wobei es dahingestellt sein mag, ob die Damen überhaupt schreiben konnten.

Der Steckbrief unserer Helden ist nunmehr fertig: stählerne Muskeln – jede Menge; gute Manieren – Mangelware. Was aber auch nicht verwundern sollte: Von einem Rohling wie dem Großen Aias zum Beispiel darf man wohl nicht erwarten, daß er sich an die Benimmregeln des alten Knigge hält. Aber war dieser Aias tatsächlich solch ein unglaublicher Schrank? Pausanias zufolge, ja:

Von der Größe des Aias erzählte ein mysischer Mann, der sein Sklett gesehen, daß die Knochen an den Knien, die von den Ärzten Kniescheiben

genannt werden, von der Größe einer Diskus-
scheibe gewesen seien, wie sie ein Knabe im Fünf-
kampf verwendet.
(vgl. Pausanias, *Reisen in Griechenland*, I, 35, 5)

Ebenfalls zum Thema gigantischer Körperbau hier
noch einmal Pausanias:

Einige Räuber, die das Grab des Protophanes
geöffnet hatten, der an einem Tage zwei olympi-
sche Wettkämpfe gewann, erzählten, daß sein Ske-
lett keine durchteilten Rippen aufwies. Sondern
alles war bei ihm zusammengewachsen, von den
Schultern bis zu den äußeren Rippen, welche die
Ärzte die unechten nennen. Ebenfalls heißt es, daß
auf einer kleinen Insel vor der Küstenstadt Milet
ein gewisser Asterios begraben sei, Sohn des Anax,
dessen Leichnam mehr als zehn Ellen messen soll.
(vgl. ebda., I, 35, 6)

Eine imponierende Körpergröße war offensichtlich
eine Grundvoraussetzung, um dem Beruf des Helden
nachgehen zu können. Wehe, man blieb unter dem
Durchschnitt, dann wurde man sogleich als nur zweit-
klassiger Held eingestuft. So schaffte es zum Beispiel
der »Kleine« Aias, obwohl er der mutigste von allen
war, aufgrund seiner bescheidenen Maße nie, so im
Vordergrund zu stehen, wie es ihm von seinen Fähigkeiten her eigentlich gebührt hätte.

Damit keine Mißverständnisse aufkommen: Diese
Muskelberge waren ausschließlich zum Einsatz im

Krieg oder höchstens bei einem Wettkampf in der Leichtathletik oder im Boxen bestimmt. Niemals jedoch zur Feldarbeit oder zu sonstigen manuellen Tätigkeiten, die ganz strikt den Sklaven vorbehalten waren. Ein freier Mann, mit einem Spaten in der Hand oder beim Holzhacken erwischt, hätte unweigerlich sein Gesicht verloren. Diese Verachtung der Griechen für jede Form von Arbeit hätte vielleicht eine gesonderte Abhandlung verdient. Es ist die gleiche Verachtung, die auch mein ein wenig versnobter alter Onkel aus Neapel zu erkennen gab, wenn er sagte: »Ich darf in aller Bescheidenheit von mir behaupten, in meinem ganzen Leben noch nie gearbeitet zu haben!«

Der Begriff, den die Griechen in diesem Zusammenhang verwendeten, war *bánausos* und bezeichnete Leute, die eine »unwürdige Arbeit, nur einem Menschen niederer Herkunft gemäß« verrichteten. Für Sokrates war der Müßiggang nicht aller Laster Anfang, sondern »der Bruder der Freiheit«. Sogar den berühmten Künstlern Phidias und Praxiteles wurde vorgeworfen, Banausen zu sein. Über sie sagte man: »Ja, in Ordnung, als Bildhauer mögen sie ja nicht schlecht sein, aber mir soll keiner erzählen, sie kämen bei ihrer Arbeit nicht ins Schwitzen!« Und mit durch eigener Hände Arbeit erwirtschaftetem Reichtum war absolut kein Ruhm zu erwerben. Im Grunde galt ein Kaufmann nicht mehr als ein Dieb. Dazu muß man sich nur einmal ansehen, was Euryalos im achten Gesang der *Odyssee* zu Odysseus sagt, als er diesen möglichst schwer beleidigen will:

*»Du, o Fremder, scheinst mir mitnichten ein Ath-
let zu sein, der sich aufs Kämpfen versteht, sondern vielleicht der Führer eines Handelsschiffs, wo
du die Ladung besorgst und jegliche Ware ver-
zeichnest und vor allem den erscharrten Gewinn.«*
(vgl. Homer, *Odyssee*, VIII, 159 ff.)

Nun stellt sich automatisch die Frage, wie ein Held,
dem das Geldverdienen verboten war, seinen Lebens-
unterhalt bestreiten konnte.

»Meine Lanze gibt mir Brot, meine Lanze gibt mir
Wein«, antwortet Archelokos in einem Drama, »und
es ist die Lanze, auf die ich mich zum Trinken stütze.«
Wie um zu sagen, daß sein Tun tatsächlich nur ein Beruf ist. Natürlich gefährlicher als andere, schwieriger
auszuüben, aber auch mit einigen netten Vorzügen
verbunden, wie der Verehrung durch die Nachwelt,
wie der Kriegsbeute und vielen zu vergewaltigenden
Frauen.

Eben solch eine Welt wird in der *Ilias* perfekt dar-
gestellt. Nicht zufällig waren es die homerischen Helden mit ihren Aufschneidereien ebenso wie mit ihren
aufsehenerregenden Taten, die die Verhaltensmodelle
für viele nachfolgende Generationen lieferten. Die
beliebtesten Vorbilder waren sicher Achill, Hektor,
Odysseus, Aeneas, Diomedes, Idomeneus, Menelaos,
Patroklos, Agamemnon, Paris und die beiden Aias –
der »Große« wie der »Kleine«. Die Taten der Troer
und Achäer im Trojanischen Krieg haben nie aufge-
hört, die Nachkommen zu begeistern, so daß ihnen ein
eigenes Buch gewidmet sein wird, in dem es allein um

die Mythen Trojas geht. Hier hingegen befassen wir uns mit den Helden der Vorgängergeneration, besonders mit Iason und seinen Argonauten, sowie mit Herakles, Theseus und Admetos.

II

Die Argonauten

Beginnen wollen wir mit Iason, der zusammen mit einer Schar von ungefähr fünf Dutzend Herumtreibern, die zu der damaligen Zeit Helden genannt wurden, das sogenannte Goldene Vlies eroberte. »Damalige Zeit« bedeutet über den Daumen gepeilt Anfang des zwölften Jahrhunderts v. Chr., wobei man natürlich berücksichtigen muß, daß es bei diesen Mythen recht schwer ist, ein Datum anzugeben.

Alles begann mit einem Staatsstreich in Thessalien: Eines schlimmen Tages entriß Pelias seinem Bruder Aison, dem König von Iolkos, den Thron, sperrte ihn in ein unterirdisches Verlies ein und ließ ihn dort verschimmeln. Ebenso fanden auch die anderen männlichen Mitglieder der Familie ein unerfreuliches Ende. Der Usurpator wollte auf Nummer Sicher gehen und ließ einen nach dem anderen im Schlaf ermorden. Der einzige, der gerettet werden konnte, war der jüngste Sohn des gestürzten Königs: der Säugling Iason. Seine Mutter Alkimede (bei anderen heißt sie auch Polymede) hatte nämlich die Nachricht verbreiten lassen, das Kind sei bei der Geburt gestorben, sich mit einer

Schar Klageweiber umgeben und lange den toten Sohn öffentlich beweint. Eines Nachts schlich sie sich dann unter dem Vorwand, ihn außerhalb der Stadtmauer bestatten zu wollen, aus dem Palast und vertraute ihn dem Kentauren Cheiron an, der ihn ebenso wie zuvor schon Asklepios und später dann Achill und Aeneas aufziehen sollte.

Es wäre sicher auch alles glattgegangen, wenn sich nicht das berühmteste griechische Orakel, das von Delphi nämlich, in die Sache eingemischt hätte. Der Usurpator Pelias befragte es ausgiebig nach seiner Zukunft und bekam zur Antwort: »Fürchte den Mann, der nur eine Sandale trägt!«

Wenn es nun in jener Zeit etwas gab, dem man unmöglich entkommen konnte, dann war das ein Orakelspruch. Kaum war Iason also zu einem jungen Mann herangewachsen, da machte er sich zu Pelias nach Iolkos auf, fest entschlossen, den väterlichen Thron zurückzuerobern. Unter den Bekanntschaften, die der Jüngling auf dem Weg dorthin machte, ist besonders eine sonderliche Alte zu nennen, die den kräftigen Burschen bat, ihr über den Fluß zu helfen. Als braver Pfadfinder ließ Iason sich nicht zweimal bitten, lud sich die Alte auf die Schultern und setzte sie wohlbehalten am anderen Ufer ab. Wie man sich nun leicht vorstellen kann, war die Alte aber gar keine Alte, sondern Ihre Majestät Göttin Hera, Gattin des Zeus, die Iason als Dank von nun an unter ihre Fittiche nahm. In der Flußmitte hatte Iason jedoch aufgrund der starken Strömung eine seiner beiden Sandalen verloren. Und so kam es, daß Pelias...

(...) gleich als er Iason sah, gedachte des Spruches und hieß ihn, eine beschwerliche Seefahrt zu wagen, damit ihm im Meere oder fremder Männer Gewalt die Heimkehr verdürbe.
(vgl. Apollonios Rhodos, *Die Argonauten,* I, 15 ff.)

Um Iason aber zur Abreise zu bewegen (und, wenn auch nur vorübergehend, auf den Verzicht des Throns) mußte Pelias ihm einen Haufen Märchen auftischen. So erzählte er ihm, daß er vom Geist eines gewissen Phrixos gequält werde, und zwar wegen eines Widderfells, das dieser in einem Hain im fernen Kolchis vergessen habe. Was hatte es nun mit diesem Widderfell auf sich? Eines Tages hatte der junge Phrixos zusammen mit seiner Schwester Helle vor seinem Vater Athamas fliehen müssen, der seine beiden Kinder den Göttern zu opfern gedachte, und war auf den Rücken eines goldenen Widders gesprungen und so in Richtung Schwarzes Meer geflogen. Leider war die arme Helle dabei schon über dem Marmarameer ins Wasser gefallen, das übrigens seit diesem Tage nach ihr Hellespont genannt wurde. Phrixos hingegen schaffte es, bis nach Kolchis (dem heutigen Georgien) zu gelangen, wo er König Aietes nach einigem Hin und Her das Fell des Widders schenkte, der es wiederum in einem dem Ares geweihten Wald an einen Baum hängte.

»Bring es mir«, sagte Pelias zu Iason, »und ich werde ohne Schwierigkeiten den Thron für dich räumen!«

Nun war aber dieses Fell alles andere als ein alter Lumpen, sondern das berühmte Goldene Vlies, eine

Reliquie von unschätzbarem Wert, die noch dazu von einem Drachen bewacht wurde, der mit seinem Feueratem jeden, der ihm zu nahe kam, auf der Stelle tötete.

Um der Wahrheit die Ehre zu geben: Pelias hatte an dem Goldenen Vlies nicht das geringste Interesse. Es ging ihm allein darum, daß jemand diesen verfluchten Iason, der ihm den Thron streitig machte, ein für allemal aus dem Weg räumte. Und auf dem Weg nach Kolchis bestanden beste Aussichten dazu. Denn um dorthin zu gelangen, mußte man den Pontos Euxeinos (das heutige Schwarze Meer) der Länge nach überqueren, der von Ländern gesäumt wurde, deren Bewohner für ihre Grausamkeit nur allzu berühmt waren. Hören wir, was Diodorus Siculus dazu schreibt:

Damals aber war der Pontus noch rings von barbarischen und ganz wilden Völkern umwohnt und wurde deshalb Axenos, das heißt »feindlich zu Fremden« genannt, weil die Anwohner die Fremden töteten, welche zu Schiffe kamen.
(vgl. Diodorus Siculus, *Geschichtsbibliothek,* IV, 40)

Und Iason läßt sich auf diese Herausforderung ein, weil er ein Held ist und die Gefahr liebt.

Da er nun sah, wie Perseus und andere durch ausländische Feldzüge und kühnes Wagnis im Kampfe unsterblichen Ruhm erlangt hatten, so strebte er diesen nachzuahmen.
(vgl. ebda., IV, 40)

24

Zunächst einmal beauftragte er einen hervorragenden Zimmermann, einen gewissen Argos, ihm in Pagasai ein Schiff zu bauen, das so robust sein sollte, daß es die Stürme im Pontos Euxeinos überstehen konnte, wozu das ganze Schiff aus abgelagertem Holz vom Berg Pelion gefertigt werden mußte.

Zuerst baute er am Peliongebirge ein Schiff, das an Größe und Ausrüstung die damals gewöhnlichen weit übertraf, weil die Menschen in jenen Zeiten nur auf Flößen und auf ganz kleinen Kähnen fuhren.
(vgl. ebda., IV, 41)

Dem griechischen Dichter Kallimachos war dieses Schiff so perfekt, daß es sogar sprechen konnte.

Und was die Besatzung betraf, erzählt Diodorus folgendes:

Als sich der Ruf von diesem Unternehmen und dem Zwecke des Schiffbaus in Hellas verbreitete, wurden nicht wenige Jünglinge unter den Edelsten von der Begierde erfaßt, an dem Zuge teilzunehmen. Iason zog das Schiff ins Meer und rüstete es mit allem aufs beste aus, so daß es herrlich anzusehen war, und wählte aus denen, welche sich zur Teilnahme drängten, die Tüchtigsten aus.
(vgl. ebda., IV, 41)

Das waren die berühmten Argonauten. Nun weiß man ja, wie sich solche Dinge entwickeln, und so ist es

nicht verwunderlich, daß über ihre Identität und An-
zahl einige Verwirrung herrscht. Denn jede griechische Stadt rühmte sich, Vaterstadt zumindest eines
der Helden zu sein, was dazu führte, daß sich mit der
Zeit die Zahl der Expeditionsteilnehmer ins Uner-
meßliche aufblähte. Andererseits kennen wir auch bei
Garibaldis »Expedition der Tausend« nicht alle Namen. Wie dann erst bei einem mythologischen Abenteuer, das vor mehr als dreitausend Jahren stattfand?
Um der Gefahr vorzubeugen, selbst weitere Namen
hinzuzufügen, halten wir uns hier streng an die Liste,
die Apollonios Rhodios seinerzeit erstellt hat, wobei
zu jedem einzelnen Namen einige biographische Da-
ten angefügt sind.

Achtung: Wer nicht die ganze Liste mit all den ver-
wandtschaftlichen Beziehungen lesen möchte, darf
die nächsten vier Seiten auch überspringen.

Hier nun die Liste der teilnehmenden Helden:

ADMETOS: Ältester Sohn von Pheres, des Königs von
Pherai, später Gemahl von Alkestis; Apollon ge-
währte ihm, nicht sterben zu müssen, vorausgesetzt
er fände jemanden, der bereit wäre, für ihn in den
Tod zu gehen.
AITHALIDES: Dritter Sohn von Hermes, Herold wie
seine beiden Brüder.
AKASTOS: Sohn des Pelias, daher Vetter Iasons, Vater
von Laodameia und Schwiegervater von Protesilaos.
AMPHIDAMAS: Sohn des Aleos, Bruder von Kepheus.

AMPHION: Sohn von Hyperasios, sonst ist fast nichts über ihn bekannt.

ANKAIOS DER GROSSE: Sohn Poseidons, Vetter des Kleinen Ankaios.

ANKAIOS DER KLEINE: Sohn von Lykurgos, Weinbauer.

AREÏOS: Nur Apollonios Rhodios zitiert ihn. Von ihm wissen wir, daß er ein Sohn des Bias war.

ARGOS DER THESPER: Erbauer des gleichnamigen Schiffes.

ASTERION: Sohn von Kometes. Von ihm wissen wir nur, daß er in der Nähe des Flusses Apidanos wohnte.

AUGEIAS: Menschlicher Sohn von Phorbas und göttlicher von Poseidon, König von Elis, Besitzer der berühmten Ställe, die Herakles auszumisten hatte.

BUTES: Sohn des Teleon, bekannt als Butes der Argonaut. Von ihm erzählt man sich, er habe etwas mit Aphrodite gehabt.

ECHION: Sohn des Hermes. Er kam ganz auf seinen Vater, d. h. er war Herold.

ERGINOS: Sohn des Poseidon, starker Läufer, grauhaarig trotz seiner jungen Jahre.

ERYBOTES: Sohn des Iros, erscheint nur in Apollonios' Liste, sonst weiß man nichts von ihm.

EUPHEMOS: Sohn Poseidons. Hatte von seinem Vater die Gabe, auf dem Wasser zu gehen.

EURITOS: Sohn des Hermes, Herold wie sein Bruder Echion.

EURYDAMAS: Ktimenos Sohn, Doloper vom See Xynias.

EURYTION: Sohn des Teleon, König von Phytia, Vater der Antigone, die Peleus heiratete; starb bei einem Jagdunfall.

HERAKLES: Sohn des Zeus und der Alkmene, stärkster Mann der Welt.

HYLAS DER DRYOPER: Sohn des Tyodamas, wunderschöner Jüngling, Schildträger und Freund des Herakles.

IASON: Sohn des Aison, absoluter Chef des Unternehmens.

IDAS: Sohn des Aphareus, der mutigste der teilnehmenden Helden. Zusammen mit seinem Bruder Lynkeus wagte er es, die Zwillinge Kastor und Pollux herauszufordern und hatte dabei das Nachsehen.

IDMON: Menschlicher Sohn des Abas, göttlicher des Apollon. War ein sehr kundiger Seher (nicht zufällig bedeutet Idmon auch »sehend«).

IPHIKLOS: Onkel Iasons mütterlicherseits. Er war so schnell, daß, wenn er ein Weizenfeld durchlief, die Halme noch nicht einmal Zeit hatten, sich zu bewegen.

IPHITOS: Sohn des Naubolos, König von Phokis. Von ihm weiß man nur, daß er eines Tages Iason in seinem Reich beherbergte.

IPHITOS: Sohn des Sthenelos, Bruder von König Eurystheus von Mykene. Er schenkte Odysseus den Bogen, mit dem dieser die Freier tötete.

KALAIS: Sohn des Nordwindes Boreas. Er soll ebenso wie sein Bruder Zetes Flügel gehabt haben, man weiß nur nicht, ob an den Füßen oder auf dem Rücken.

KANTHOS (der Euboier): Über ihn ist so gut wie nichts bekannt.

28

KASTOR: Sohn des Zeus und der Leda, Bruder von Helena und Klytaimnestra. Mit Pollux zusammen bildete er das Dioskurenpaar, aber nur Pollux war unsterblich.

KEPHEUS: Sohn des Aleus, König von Tegea.

KLYTHIOS: Sohn des Eurytos, ausgezeichneter Bogenschütze.

KORONOS: Seine Mutter war Kaineus, der ihn gebar, als er noch eine Frau war.

LAOKOON: Sohn des Porthaon, Erzieher Meleagers; nicht zu verwechseln mit dem Laokoon von Troja, jenem, der von den Armen eines Seeungeheuers erdrückt wurde.

LEODOKOS: Wer war der denn? Keine Ahnung!

LYNKEUS: Sohn des Aphareus, Bruder von Idas.

MELEAGER: Sohn des Oineus, König von Kalydon. Er verliebte sich in Atalanta und verteidigte sie gegen die sexuellen Übergriffe anderer Helden.

MENOITIOS: Sohn Aktors, König von Opùs. Wurde als Vater von Patroklos bekannt.

MOPSOS (vom Fluß Titaros): Kundig im Deuten des Vogelfluges; nicht zu verwechseln mit dem anderen Mopsos, dem Sohn Apollons und wie er ein Seher.

NAUPLIOS DER ARGIVER: Sohn Poseidons, berühmter Segler, Vater von Palamedes.

OILEUS: Vater des Kleinen Aias, König von Lokris.

ORPHEUS: Sohn Apollons, Dichter und Sänger, stieg hinab in die Unterwelt, um sich seine große Liebe Eurydike zurückzuholen.

PALAIMONIOS: Menschlicher Sohn des Lernos, göttlicher des Hephaistos. Hinkte wie sein Vater, aber mit beiden Füßen.

PELEUS DER MYRMIDONE: Sohn des Aiakos, vergewaltigte Thetis und zeugte so Achill.

PERIKLYMENOS VON PYLOS: Sohn des Neleus. Von seinem Großvater Poseidon hatte er die Fähigkeit, sich in jedwedes Tier verwandeln zu können. Er starb, von einem Pfeil durchbohrt, als er gerade als Adler unterwegs war.

PHALEROS: Sohn des Alkon. Er war ein hervorragender Bogenschütze und gab dem Hafen von Athen seinen Namen.

PHILIAS: Sohn von Dionysos, König von Araithyrea.

POLLUX: Sohn des Zeus, ausgezeichneter Faustkämpfer. Mit seinem Zwillingsbruder Kastor bildete er das Dioskurenpaar; im Gegensatz zu Kastor war er unsterblich.

POLYPHEMOS: Sohn des Arkaders Elatos; nicht zu verwechseln mit dem Kyklopen, den Odysseus blendete.

TALAOS: Sohn des Bias, Bruder von Areïos und Vater von Adrastos, dem späteren König von Theben.

TELAMON: Sohn des Aiakos, König von Salamis, Vater des Großen Aias und von Teukros.

TIPHYS (der Steuermann): Sohn des Hagnios, galt als seekundigster Mensch der antiken Welt.

ZETES: Sohn von Boreas, geflügelter Bruder von Kalais.

Insgesamt sind es also dreiundfünfzig Helden. Zu diesen könnte man noch Amphiaraos, Askalaphos, Aktor, Euryalos, Phanos, Laërtes, Poias und Peneleos hinzufügen, die alle in anderen, vielleicht nicht weniger glaubwürdigen Listen (von Apollodor, Valerius Flaccus und Hyginus) genannt werden. Keinesfalls fehlen dürfen jedoch Melampos, Staphylos, Kaineus und Atalanta, weswegen ihnen an dieser Stelle auch eigene kleine Abhandlungen gewidmet sein sollen.

Die Geschichte von Melampos

Es waren die schwarzen Füße, die Melampos seinen Namen gaben, obwohl es vielleicht richtiger gewesen wäre, sie lediglich als »gebräunt« zu bezeichnen. Seine Mutter Idomene hatte ihn nämlich einmal als Säugling im Schatten eines Baumes schlafen lassen, ohne jedoch zu merken, daß seine Füße der prallen Sonne ausgesetzt waren.

Von Melampos liest man weiterhin, und zwar in der *Mythologischen Bibliothek* von Apollodor (I, 9, 11), der junge Mann habe eines Tages einen Wald durchquert und dabei im Gras eine tote Schlange entdeckt, was ihm so zu Herzen ging, daß er ihr ein schönes Begräbnis gab. Von dieser mitfühlenden Geste waren die Jungen der Schlange so sehr angetan, daß sie ihm gerührt im Schlaf ein paar Stunden lang die Ohren ausleckten. Nun muß man wissen, daß die Griechen Schlangenzungen magische Kräfte zuschrieben. Und das ist auch der Grund, warum Melampos seit jenem Tag in der Lage war, die verschiedensten Sprachen der Tiere zu verstehen. Eine Fähigkeit, die sich mit der Zeit als sehr nützlich erwies. Als er nämlich einige

31

Jahre später wegen eines dummen Mißverständnisses bei König Phylakos im Kerker saß, hörte er, wie sich zwei Holzwürmer miteinander unterhielten, wobei der eine zum anderen sagte: »Den Deckenbalken haben wir fast durch, der macht es nicht mehr lange.«

Melampos informierte sogleich die Kerkeraufseher, und als die Decke dann tatsächlich einstürzte, wollte der König unbedingt wissen, wie zum Teufel es dieser Gefangene geschafft hatte, das Unglück vorherzusehen. Darüber ins Bild gesetzt, ließ er Melampos aus dem Kerker holen und verlieh ihm ohne langes Hin und Her den Titel eines Hofsehers. Er tat gut daran, gelang es Melampos doch, den Königssohn Iphiklos von seiner Impotenz zu heilen. Und das kam so:

Ein vorüberfliegender Geier erzählte ihm, warum Iphiklos außerstande war, seinen ehelichen Pflichten nachzukommen. Anscheinend hatte sein Vater Phylakos ihn einmal beim Onanieren erwischt und daraufhin mit einem langen Messer in der Hand durch den ganzen Palast gejagt. Den Worten des wachsamen Augenzeugen zufolge...

...hatte den Knaben eine große Furcht angewandelt, und er war entflohen; jener aber, Phylakos, stieß das Messer in eine heilige Eiche hinein, so daß die den Baum umgebende Rinde es bedeckte. Wenn dieses Messer wieder aufgefunden sei, fuhr der Geier fort, so müsse man den Rost davon abschaben und dem Iphiklos zehn Tage lang zu trinken geben, um ihn von seiner Krankheit zu

heilen. Das war es, was Melampos von dem Geier erfuhr.

(vgl. Apollodor, *Mythologische Bibliothek*, I, 9, 12)

Der Erfinder des Weins

Staphylos, dessen Name »Traube« bedeutet, war ein Sohn von Dionysos und Ariadne. Von Beruf war er Ziegenhirte. Eines Tages fiel ihm auf, daß sich eins seiner prächtigen Tiere immer häufiger von der Herde entfernte und erst nach einiger Zeit torkelnd zu ihr zurückkehrte. Neugierig geworden, folgte er dem Tier beim nächsten Mal und entdeckte, daß sich die Ziege an den Früchten einer unbekannten Pflanze labte: der Weinrebe. Staphylos packte daraufhin ein paar dieser Trauben als Probe ein und schenkte sie später König Oinos, der seinerseits der Flüssigkeit, die er daraus gewann, seinen eigenen Namen gab: Denn das griechische *oinos* bedeutet »Wein«.

Starke Frauen (1): Kaineus

Kaineus der Lapither, Sohn des Elatos, war der erste Transsexuelle der Geschichte. Als Frau geboren, wurde er (sie!) aufs heftigste von Poseidon belästigt und flehte darum, in einen Mann verwandelt zu werden. Der Wunsch wurde erfüllt, und obendrein gab's dazu auch noch Unverwundbarkeit. Nach den Abenteuern in den Reihen der Argonauten fiel er einer Gruppe von

Kentauren in die Hände, die ihn, da sie seinen Leib nicht zu durchbohren vermochten, lebend unter einem Berg aus Tannenstämmen begruben. Manche behaupten, im Sterben sei Kaineus wieder zur Frau geworden.

Starke Frauen (2): Atalante

Atalante, die Tochter des Iasos, war die einzige »richtige« Frau im Zug der Argonauten. Als junges Mädchen hatte sie den Entschluß gefaßt, Diana zu Ehren für immer Jungfrau zu bleiben und ihr Leben allein der Jagd zu widmen. Um jeder Versuchung zu widerstehen, bei einem der vielen an sie herangetragenen Heiratsanträge schwach zu werden, forderte sie alle Anwärter auf, sich mit ihr im Laufen zu messen. Wer verlor, mußte sterben. Und alle verloren, bis schließlich Hippomenes, einer der Verehrer, die Heldin austrickste, indem er im Rennen immer wieder Goldäpfel zu Boden warf. Atalante bückte sich jedesmal, um sie aufzuheben, und wurde mit großem Abstand geschlagen. Abgesehen von der Geschichte mit Hippomenes verliebte sich Atalante auch in ihren Argonautenkollegen Meleager.

Zum Abschluß der Vorstellung der Argonauten kann man nur noch einmal betonen, daß es sich um eine wirklich hochklassige Besetzung handelte, mit gut zwei Dutzend Königs- und noch einmal so vielen Göttersöhnen, also der Crème de la Crème der achäischen

Jugend. Durch die Jahrhunderte erzählten Sänger und Poeten von ihren Taten: »Von wagemutigen Göttersöhnen singe ich, denen das Meer die Heimat war«, arpeggierte Valerius Flaccus am Hofe Kaiser Domitians und weckte damit in der römischen Jugend Abenteuerlust und die Liebe zum Meer. Die Eroberung des Goldenen Vlieses ist übrigens das erste große Heldenepos, von dem wir Kenntnis haben (zumindest aus der griechischen Welt).

III

Die Reise

Es muß schon eine Heidenanstrengung gewesen sein, von Griechenland nach Kolchis zu rudern, vor allem wenn man bedenkt, daß das Verkehrsmittel ein Schiff aus der Bronzezeit war. Wer daran zweifelt, sollte sich einmal die Reiseroute auf der Karte Seite 39 ansehen und sich vorstellen, mit einem unförmigen Ruder in der Hand, mühsam den Takt haltend vornübergebeugt auf der Ruderbank zu sitzen. Mit der Takelage konnte man nämlich nur bedingt etwas anfangen, denn von Flauten einmal ganz abgesehen war das Segeln dicht am Wind noch nicht erfunden. Das bedeutete, entweder blies der Wind vom Heck oder – an die Riemen und schwitzen.

Allein schon mit den Reisevorbereitungen hatte man alle Hände voll zu tun. Um die Expeditionsausrüstung der Argonauten kümmerte sich Pelias persönlich, der es, unter uns gesagt, gar nicht erwarten konnte, Iason endlich aus den Augen zu haben. Bis zum Vorabend der Abreise hatte es ein ständiges Hin und Her von Wagen gegeben, die Waffen, Lebensmittel und Amphoren mit Trinkwasser von der Stadt Iolkos zum Strand von Pagasai karrten. Nachts besang der göttliche Orpheus dann die Entstehung der Welt, von der Geburt Eurynomes bis zum endgültigen Sieg des Göttervaters Zeus über die aufständischen Titanen. Derweil opferte Iason am Heck des Schiffes zu Ehren des Apollon Embasios, des »Gottes der Einschiffung«, *einen Ochsen, geschmückt mit himmelblauen Bändern.* Später trafen dann tröpfchenweise die einzelnen Helden ein, ein jeder umgeben von seiner Familie, Verwandten, Freunden.

... Und die Frauen streckten vielfach die Hände empor zu den Göttern im Himmel, flehend, sie mögen ihnen eine glückliche Heimkehr gewähren. Eine klagte der anderen unter Tränen: »Ach hätten doch die dunklen Wellen auch Phrixos mit seinem goldenen Widder verschlungen, als Helle, die Jungfrau, ihr Leben ließ.« Also sprach wohl mancher im Volk, als die Scheidenden aufbrachen. Sklaven und Sklavinnen umrannten die Helden, Mütter umarmten ihre Söhne, Frauen die Gatten, und ein tiefer Schmerz bemächtigte sich aller, die gekommen waren. So versuchten die Helden, ihren Kummer zu trösten und die Verzagten zu ermutigen. Doch gleichzeitig hießen sie die Diener, die Waffen herzuholen, und diese brachten sie schweigend mit traurig gesenkten Blicken.
(vgl. Apollonios Rhodios, *Die Argonauten*, I, 247)

Tiphys, der Steuermann, gab den Sklaven ein Zeichen, und die Argo (so genannt nach ihrem Erbauer) glitt sicher über die runden Stämme und tauchte sanft wie eine Ente ins klare Wasser der Bucht von Pagasai ein. Am Bug des Schiffes erhob sich stolz eine Statue der Athene. Die Göttin hatte langes lockiges Haar, und in ihrem Blick, der starr nach vorn gerichtet war, lag die Entschlossenheit, um jeden Preis den Sieg zu erringen. Wie ein Mann legten sich die Helden gleichzeitig in die Riemen, begleitet von den Anfeuerungsrufen jener, die immer weiter entfernt am Ufer zurückblieben.

Die Flaute dauerte jedoch nicht lange. Man hatte kaum das Kap mit dem Artemision-Gebirge umfahren, als ein gewaltiger Sturm losbrach. Schon bald war die Argo nur noch ein Spielball der Wellen, mit dem Ergebnis, daß der Besatzung jeglicher Bezugspunkt zum Festland, an dem sie sich hätten orientieren können, verloren ging. Ein nicht zu unterschätzendes Problem, denn zu jener Zeit wußte man noch nicht, was ein Sextant ist. War erst einmal der Kontakt zur Küste verloren, blieben nur noch die Sterne, um herauszubekommen, wo zum Teufel man überhaupt hinsegelte. Um es kurz zu machen: Zwei Wochen lang durchquerten sie die Ägäis ohne die leiseste Ahnung, wo sie sich befanden. Dazu kam, daß allmählich auch Lebensmittel und Trinkwasser zur Neige gingen und daher ein Landgang unvermeidbar wurde, um neue Vorräte zu beschaffen. Die Moral der Besatzung war mittlerweile am Boden, oder besser, unter Wasser: Orpheus sang nicht mehr, und der sonst so fröhliche Meleager ruderte schweigend vor sich hin, ohne auch nur einmal den Blick zu seinen Kameraden zu heben, als plötzlich am Horizont die bläulichen Umrisse einer

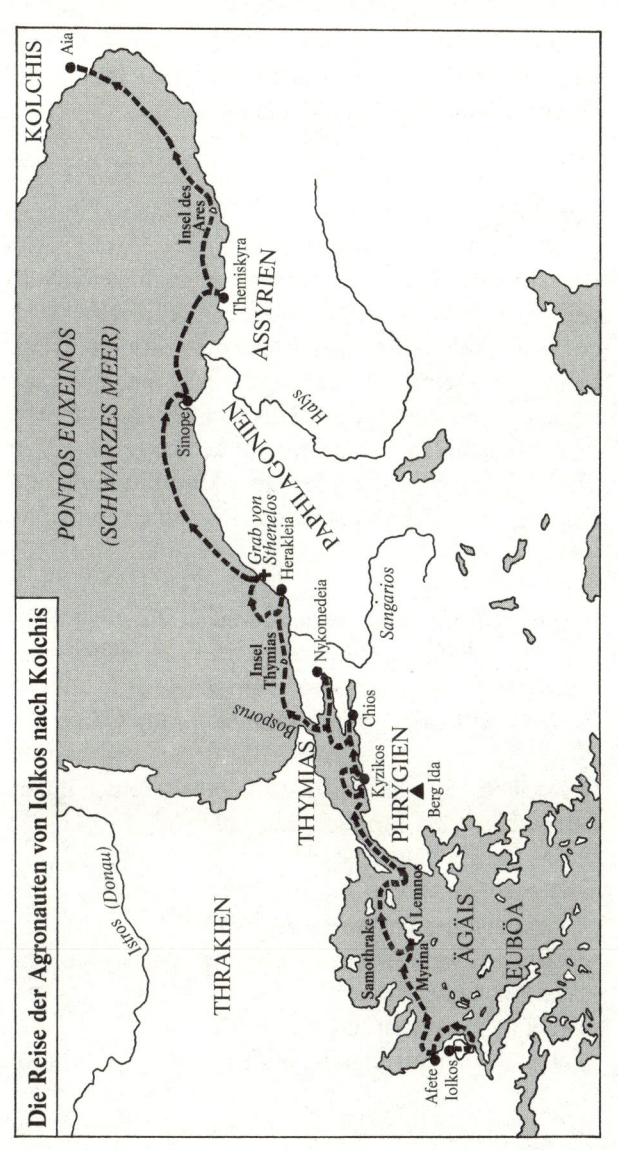

Die Reise der Agronauten von Iolkos nach Kolchis

KOLCHIS

Aia

Insel des Ares

Themiskyra

ASSYRIEN

PONTOS EUXEINOS
(SCHWARZES MEER)

Sinope

Halys

PAPHLAGONIEN

Grab von Sthenelos

Herakleia

Insel Thymias

Sangarios

Nykomedeia

Bosporus

THYMIAS

Chios

PHRYGIEN

Kyzikos

Berg Ida

Istros (Donau)

THRAKIEN

Samothrake

Myrina Lemnos

ÄGÄIS

EUBÖA

Afete

Iolkos

Insel auftauchten. Es war Lemnos, die von Hephaistos, dem Handwerkergott, so innig geliebte Insel. Und hier gab es die erste Überraschung.

Die Frauen von Lemnos

Ein Jahr zuvor hatten die Frauen von Lemnos für einigen Wirbel gesorgt, als sie in aller Öffentlichkeit und ohne ein Blatt vor den Mund zu nehmen erklärten, das Lager mit einem Mann zu teilen mache ihnen absolut keinen Spaß. Aphrodites Reaktion können wir uns lebhaft vorstellen: »Was, ihr habt keinen Spaß an der Liebe?« schrie sie aufgebracht. »Aber bitte, wie ihr wollt. Dann kann es euch auch egal sein, ob ihr attraktiv seid.«

> *Dann strafte sie die Frauen, weil sie sie mit Geringschätzung behandelt hatten, und ließ ihre Körper einen üblen Geruch ausströmen.*
> (vgl. Apollodor, *Mythologische Bibliothek*, I, 9, 17)

Die armen Ehemänner! Die Gespräche unter ihnen liefen nun wohl folgendermaßen ab:
»Wie geht's deiner Frau?«
»Es geht so.«
»Was soll das heißen, es geht so?«
»Na ja, es geht ihr nicht besonders. Sie strömt keinen lieblichen Duft aus.«
»Du meinst, sie stinkt.«
»Hm, ja, genaugenommen stinkt sie.«

»Ach … da müßtest du erst mal meine riechen.«

Und so kam es, daß die Männer von Lemnos eines Tages, als sie die Nähe ihrer Gemahlinnen einfach nicht mehr ertrugen, ihre Frauen in Käfige einsperrten, die weit weg von jedem Dorf aufgestellt waren (und im Windschatten lagen), und den Entschluß faßten, sich im nahen Thrakien andere Frauen zu besorgen, die jünger waren und schöner und vor allem in olfaktorischer Hinsicht kein Problem darstellten. So überquerten sie den Meeresarm, der sie vom Festland trennte, und raubten die Frauen, wobei es ihnen sehr gelegen kam, daß die thrakischen Männer gerade wegen eines Kriegszugs gegen Nachbarvölker unterwegs waren.

Dies war ein Affront, den sich die Frauen von Lemnos nicht bieten lassen konnten. Von amazonischem Zorn erfüllt, durchbrachen sie die Gitter ihrer Gefängnisse und töteten alle Männer im Schlaf, einschließlich der armen thrakischen Frauen, die ja nun absolut nichts verbrochen hatten. Eine Ausnahme, die einzige, machte Königin Hypsipyle nur bei ihrem eigenen Vater Thoas. Sie hatte Mitleid mit ihm und rettete ihm das Leben, indem sie ihn in einem ruderlosen Boot auf dem Meer aussetzte. Ich persönlich meine dazu: Du willst deinen Vater retten? Dann aber richtig! Gib ihm ein ordentliches Schiff und ein paar Sklaven zum Rudern! Doch trotz der widrigen Begleitumstände kam Thoas durch, und zwar dank der Aufmerksamkeit einiger Fischer, die ihn hilflos auf dem Meer treibend entdeckten und sicher an Land brachten. So war Thoas der einzige lemnische Mann, den das Schicksal verschont hatte.

Wie ging es nun mit den lemnischen Frauen weiter?
Hören wir dazu Apollonios Rhodios:

Rinder nun zu weiden, bronzene Waffen zu tragen
und die Felder mit eisernem Pfluge zu furchen,
war den Frauen viel leichter und angenehmer als
die Werke Athenes, denen sie sich früher gewid-
met. Dennoch sandten sie unablässig die Blicke
über des Meeres Fläche, voller Furcht, es könnten
die Thrakier kommen, um sich zu rächen.
Als sie die Argo nun sahen, die rudernd der Insel
sich nahte, bewaffneten sie sich schleunig und
eilten hinab zum Ufer. Sie glichen Mänaden, die
da roh das Fleisch verzehren. Mit ihnen rannte
Hypsipyle, gehüllt in die Waffen des Vaters.
(vgl. Apollonios Rhodios, *Die Argonauten*, 627 ff.)

Die Argonauten waren vorsichtig genug, um Aithalides, den Hermessohn, vorzuschicken, der die Lage er-
kunden und mit den Bewohnern verhandeln sollte.
Mit dem Caduceus, einer Art weißer Flagge der damaligen Zeit, gut sichtbar in der Hand, ging der
Herold an Land.

»Was wollt ihr?« fragte Hypsipyle.

»Proviant und Wasser«, antwortete Aithalides.

Die Königin war einverstanden, doch als sie schon
dabei waren, die Sachen zu verladen, tauchte plötzlich
Polyxo, Hypsipyles betagte Amme auf, und sprach:

»O Frauen von Lemnos, wenn wir bejahrten
Frauen einst später dem Tode erlegen und ihr jün-

geren gealtert ohne Gebären, wie wollt ihr dann
leben, ihr Unglückseligen? Sollen dann Stiere wohl
selber ins Joch sich spannen, auf rauhen Feldern
mit schneidendem Pflug die Erde furchen und,
wenn der Sommer sich neigt, die Ernte besorgen?
Doch verzaget nicht, denn nun bietet von selbst
sich euch ein günstiger Ausweg. Seht, vor euch
steht eine Schar Väter für unsere Kinder.«
(vgl. ebda., I, 683 ff.)

Die lemnischen Frauen waren beeindruckt von dieser
klugen Rede, und so schlug Polyxo den Argonauten
einen Handel in Naturalien vor: »Ihr gebt uns Kinder,
dann geben wir euch Proviant. Wie viele seid ihr
eigentlich?«

»Siebenundfünfzig«, antwortete Aithalides.

»Und wir sind über siebenhundert«, murmelte Polyxo nachdenklich und schob dann gleich eine weitere
Frage nach: »Wieviel ist siebenhundert durch siebenundfünfzig?«

»Das weiß ich nicht«, antwortete Aithalides, dem
noch immer nicht so ganz klar war, worauf die Alte
hinaus wollte.

»Das sind vierzehn«, klärte Polyxo ihn auf. »Das
heißt, daß ihr schon zwei Wochen werdet bleiben
müssen«, und fügte dann noch seufzend hinzu: »Wir
alle müssen Opfer bringen.«

Und so geschah es, daß sich alle Argonauten bis auf
Atalanta (als Frau) und Herakles, der gegen Gestank
allergisch war, mit den lemnischen Frauen vereinten
und auf diese Weise zahlreiche Kinder zeugten.

Dabei verliebte sich Hypsipyle in Iason und gebar ihm neun Monate später zwei wunderschöne Zwillinge, von denen einer Euneus und der andere zum Gedenken an den Großvater Thoas genannt wurde.

Als die zwei Wochen vorüber waren, hatten sich die Argonauten an den Gestank gewöhnt (außerdem aßen und tranken sie wie eine Horde von Paschas) und verspürten absolut keine Lust, wieder in See zu stechen. Auch Iason schien es plötzlich nicht mehr so dringend, nach Kolchis zu kommen, hatte er doch in Hypsipyle eine wunderschöne, zärtliche Geliebte gefunden.

So war es an Herakles, mit Atalantes Hilfe die Argonautenkollegen zur Vernunft zu bringen. Des nachts kam er an Land, ging von Haus zu Haus und riß die Männer aus den Armen ihrer Geliebten.

Ein sehr abrupter Abschied, den besonders Hypsipyle schlecht verwinden konnte. Ovid zufolge schrieb sie einige Jahre später ihrem untreuen Iason einen Brief, der gespickt war mit Verwünschungen und zärtlichen Worten der Liebe. Hier ein Auszug:

Als du im dritten Herbst gezwungen warst zu reisen,
Hast du als Abschiedswort mir unter Tränen gesagt:
»Fort reißt mich das Geschick. Doch wenn es mir die Rückkehr gestattet,
Kehr ich wieder so, wie ich jetzt geh': als dein Mann.
Was sich jetzt vor mir verbirgt in deinem gesegneten Leibe,

Möge es leben und wir beide als Eltern bei ihm.«
Du brachst ab, und das falsche Gesicht mit Trä-
nen benetzend,
Hast du, ich seh' es wie heut, mehr nicht zu spre-
chen vermocht.
Von den Gefährten bestiegst das unselige Schiff du
als letzter.
Fort dann flog es, der Wind hielt ihm die Segel ge-
schwellt.
Unter dem gleitenden Kiel zerbricht die dunkelnde
Welle;
Her auf das Land lenkst du, ich auf die Wogen
den Blick.
Ein frei stehender Turm läßt weit überblicken das
Wasser:
Dahin eil' ich, und naß werden Gesicht mir und
Brust.
Und durch Tränen schau' ich dir nach. Die Sehn-
sucht im Herzen
Trägt in die Ferne den Blick weiter, als sonst er ge-
wohnt.
(Ovid, *Heroides, Briefe der Sagefrauen*, 6, 58 ff.)

Kyzikos

Die Propontis, die auch Marmarameer genannte Vor-
kammer des Schwarzen Meeres, stand zu Iasons Zeiten in denkbar schlechtem Ruf. Blutrünstige Völker
und ungünstige Strömungen machten die Navigation
zu einem gefährlichen Abenteuer. Und allein schon

dort hineinzukommen, war mit Hindernissen verbunden, weil der trojanische König Laomedon mit seinen Kriegsschiffen die Einfahrt bewachte und von allen Vorbeifahrenden einen stattlichen Wegzoll kassierte. Um nun unnötige Reibereien zu vermeiden, passierten die Helden heimlich nachts die Meerenge, wobei sie sich dicht an der thrakischen Küste hielten. Bei einer Einbuchtung der Halbinsel Arkton legten sie ihren ersten Halt ein, gingen an Land und platzten mitten in eine Hochzeitsfeier. Kyzikos, der dolionische König, hatte gerade die junge Kleite, auch »Kleite, die Schönhaarige« genannt, geheiratet, und so wurden die Argonauten mit Jubelchören empfangen, denen sie sich gerne anschlossen. Auch zum festlichen Bankett ließen sie sich bereitwillig einladen, doch während sie nun alle in froher Runde zusammensaßen, tauchte plötzlich eine Schar von Giganten, Söhne der Mutter Erde, auf, die offensichtlich nichts Gutes im Schilde führten.

Ein jeder hatte sechs übermächtige Arme, zwei entwuchsen den Schultern, doch ragten darunter noch weitere vier, gefügt an die entsetzlichen Rippen.
(vgl. Apollonios Rhodios, *Die Argonauten*, I, 944 ff.)

Es versteht sich fast von selbst, daß die Angreifer im Handumdrehen den kürzeren zogen. Die armen Giganten hatten doch erwartet, lediglich auf wahrscheinlich betrunkene Dolioner zu treffen und sahen sich nun völlig unvermutet einem Trupp von fünfzig bis an die Zähne bewaffneten Helden gegenüber. Pech gehabt! Kurzum, für die braven Dolioner schien die Sache bald ausgestanden, doch eben nur scheinbar, denn das Schicksal ließ sich nicht davon abbringen, die Episode doch noch zum Bösen zu wenden. Und das kam so.

Bevor die Argonauten wieder in See stachen, bedankten sie sich recht herzlich bei den Dolionern für die ihnen entgegengebrachte Gastfreundschaft, und diese taten es ihnen der erfolgreichen Rettung vor dem Überfall der Giganten wegen nach: Küßchen, Umarmungen, Beteuerungen, sich so bald wie möglich wieder zu besuchen. Erst einen Tag waren die Helden wieder auf See, als sie erneut in einen furchtbaren Sturm gerieten. Um das Schlimmste zu verhindern, hielt Tiphys, der Steuermann, als er eine relativ geschützt scheinende Bucht erkannte, geradewegs darauf zu, ohne sich auch nur einen Moment zu fragen, wo sie da anlegten. Es war eine mondlose Nacht, und so merkten die Argonauten nicht, daß sie wieder die Halbinsel Arkton angelaufen hatten, diesmal jedoch die andere, ihnen unbekannte Seite. Weswegen sie auch, als sie plötzlich in der Dunkelheit von Bewaffneten angegriffen wurden, nicht zögerten, alle zu töten, vom ersten bis zum letzten Mann.

Der Morgen erst zeigte ihnen den grausigen, nicht mehr zu ändernden Irrtum. Und als die Helden sahen des Aineus' Sohn Kyzikos, blutend im Staube hingesunken, ergriff sie alle düstere Trauer.
(vgl. ebda., I, 1053 ff.)

Bei der Nachricht vom Tod ihres frisch angetrau-
ten Gatten verlor die schönhaarige Kleite den Verstand. Sie erhängte sich, und die Nymphen des Wal-
des weinten so herzzerreißend, daß aus ihren Tränen
eine Quelle entsprang, die noch heute Kleites Namen
trägt.

Hylas

Als Kyzikos bestattet und die Argo wieder auf See
war, stürzten sich die Argonauten, vielleicht um sich
von dem Unheil, das sie angerichtet hatten, abzulen-
ken, in einen Ruderwettkampf. Bei ihm ging es darum,
wer am längsten rudern konnte. Alle legten sich mächtig in die Riemen, bis auf Orpheus, der sich unter dem
Vorwand drückte, den anderen mit seinem Gesang die
Anstrengung versüßen zu wollen. Nach drei Stunden
waren noch vier Konkurrenten im Rennen: Kastor,
Pollux, Herakles und Iason. Als erster ließ Kastor das
Ruder sinken, sogleich gefolgt von seinem Bruder Pollux. Iason und Herakles hingegen hielten noch eine
halbe Stunde durch, bis ersterer schließlich ohnmäch-
tig auf seiner Bank zusammenbrach.

Schweißüberströmt und mit ausgebrannten Keh-
len entschlossen sich die Helden, den nächstbesten
Strand anzulaufen. Als erster ging der wunderschöne
Jüngling Hylas, der Busenfreund des Herakles, an
Land, um dem strahlenden Sieger ein wenig frisches
Wasser zu holen. Diese seltsame Liebe zwischen dem
grobschlächtigen Muskelberg Herakles und dem zar-

ten Hylas sollte uns nicht allzusehr verwundern. Theokrit zeichnet in seinen *Idyllen* ein liebliches Bild des Paares:

> *Der den wilden Löwen bestand, er liebte den Knaben,*
> *Der das lockige Haupthaar trug, den reizenden Hylas,*
> *Und was der Vater den lieben Sohn, das lehrt' er ihn alles,*
> *Was er selber gelernt, daß er tüchtig und wert des Gesangs ward.*
> *Ferne war er ihm nie, nicht wenn der Mittag sich nahte,*
> *Nicht wenn Eos zu Zeus mit den weißen Pferden hinauffuhr,*
> *Nicht wenn hinüber zum Neste sahen die piepsenden Küken,*
> *Während die Mutter die Flügel schlug auf rußiger Stange,*
> *Daß der Knabe für ihn, nach seinem Sinne gemodelt,*
> *Unter demselben Joch das Maß des Mannes erreiche.*
> (Theokrit, *Idyllen*, (Hylas), 6 ff.)

Die Stunden vergingen, und von Hylas keine Spur. Des Wartens müde, machten sich die Argonauten endlich auf, ihn zu suchen. Besonders Herakles war furchtbar besorgt.

»Hylas! Hylas!« rief er, während er sich, Zweige

und Äste abbrechend, einen Pfad durch das Unterholz bahnte.

Man suchte und suchte, bis schließlich einer der Argonauten, Polyphemos, am Ufer des Pegaisees eine verlassene bronzene Amphore fand. Es war die von Hylas. Was war geschehen? Theokrit erzählt es uns:

(...) Und bald erblickt' er die Quelle
In der Tiefe. Die war umwachsen von reichlich Binsen,
(...)
Nymphen ordneten da ihren Reigen mitten im Wasser
Nymphen ohne Schlaf, Göttinnen, gefährlich dem Landmann,
Malis, Eunika sodann und, Lenz in den Augen, Nycheia.
Als den geräumigen Krug zum Wasser bewegte der Knabe,
Ihn zu tauchen bestrebt, da faßten alle die Hand ihm.
Alle nämlich beraubte der zarten Sinne die Liebe
Zu dem argivischen Kind. (...)
(ebda., 43 ff.)

Mit anderen Worten: Unter dem Vorwand, ihm einen Kuß geben zu wollen, ziehen sie ihn auf den Grund des Sees.

Da schlang von oben die Nymphe den linken Arm
um des Jünglings Nacken, den zarten Mund zu

küssen, und dann mit der Rechten zog sie ihn am
Arm nieder; er sank in die wirbelnde Tiefe.
(vgl. Apollonios Rhodios, *Die Argonauten*, I,
1237 ff.)

In der Zwischenzeit sucht Herakles, unterstützt von
Polyphemos, weiter nach seinem jungen Geliebten.

Dreimal rief er nach Hylas, so mächtig der
Schlund es herausgab.
Dreimal antwortete ihm der Knabe. Aber nur
schwach kam
Aus dem Wasser die Stimme. Fern schien er und
war doch ganz nahe.
(Theokrit, *Idyllen*, 58 ff.)

Doch Iason ist es mittlerweile leid, noch länger zu
warten (vielleicht will er sich auch nur für die Niederlage im Wettrudern rächen, die ihm Herakles beige-
bracht hat), und entscheidet, wieder in See zu stechen
und die drei, Herakles, Hylas und Polyphemos, ihrem
Schicksal zu überlassen.

Amykos

Die nächste Etappe der Reise führte die Argo nach
Bebrykos, einem Inselchen im Marmarameer, wo ein
höchst eigenartiges Wesen herrschte, Amykos nämlich, der ungeachtet seines Namens eigentlich nie-
mandes Freund war. Ganz im Gegenteil. Jeden, der

51

einen Fuß in sein Reich setzte, zwang er unter Androhung, ihn sonst zu töten, sich mit ihm im Faustkampf zu messen. Mit anderen Worten, Amykos war ein leidenschaftlicher Boxer, und da er in seiner Heimat niemanden mehr fand, der ihm darin das Wasser reichen konnte, legte er sich mit jedem Fremden an, der ihm über den Weg lief.

Dieser war stolzer und hochmütiger als alle, und schmählich gebot er, es solle kein Fremder aus seinem Reiche weiterziehen, bevor er nicht versuchte, im Faustkampf gegen ihn zu bestehen. So hatte er schon viele Feinde getötet.
(vgl. Apollonios Rhodios, *Die Argonauten*, II, 4 ff.)

Und mit den Argonauten schien er nun wieder willkommenen Nachschub vor die Fäuste zu bekommen.

»Wenn ich euch Wasser und Proviant geben soll«, kam der boxende Tyrann sogleich zur Sache, »dann wählt unter euch den stärksten Mann aus, daß er jetzt sogleich hier am Strand mit mir die Fäuste kreuze.«

Herakles war ja nun nicht mehr dabei (er hätte den Titelverteidiger sicher mit einem Schlag zu Boden geschickt), doch auch Pollux war kein schlechter Boxer. Immerhin hatte er einmal bei den Olympischen Spielen in dieser Disziplin das Finale gewonnen. So schien er der geeignete Mann, um dem Hünen gegenüberzutreten. Allerdings gehörten die beiden Kämpfer verschiedenen Gewichtsklassen an. Pollux war ein Welter-, allerhöchstens Mittelgewichtler, während Amykos ohne Frage als Schwergewichtler einzustufen war. Dem Schriftsteller und Mythenforscher Ranke-Graves zufolge »sahen die Muskeln auf den haarigen Armen des Königs von Bebrykos wie mit Seealgen bedeckte Felsbrocken aus, während seine Handschuhe mit bronzenen Dornen besteckt waren« (*Griechische Mythologie*, 150 f).

Und Apollonios beschreibt die ungleichen Kämpfer folgendermaßen:

> *Schien doch der eine ein Ungeheuer, von des grausen Typhoeus oder auch der Mutter Erde furchtbarem Geschlecht. Der andere hingegen, des Tyndareus Erbe, glich dem himmlischen Stern, wenn er im westlichen Dunkel funkelnd durch die Nacht die schönsten Strahlen entsendet.*
> (vgl. Apollonios Rhodios, *Die Argonauten*, II, 38 ff.)

Wie nicht anders zu erwarten, wurde der Kampf mit aller Verbissenheit geführt. Wahrscheinlich haben wir es hier mit dem ersten richtigen Fight in der Geschichte des Boxsports zu tun. Apollonios Rhodios, der akkurate Chronist, hat sogar die Pause zwischen der ersten und zweiten Runde für die Nachwelt festgehalten.

> *Es dröhnten von unaufhörlichen Stößen ihre Zähne, sie ließen nicht nach, sich eng aneinander Beulen zu schlagen, bis beide mit keuchendem Atem ermattet zur Seite traten, die Stirn von der Menge des Schweißes abzutrocknen, sie rangen*

nach Luft in schwerer Ermüdung. Bald aber grif-
fen sie wieder sich an, als wären's zwei Stiere, die
sich um eine Kuh auf der Weide wütend bekämp-
fen.
(vgl. ebda., II, 85 ff.)

Schließlich war es dann Amykos, der das Nachsehen hatte: Dank seiner besseren Beinarbeit konnte Pollux den harten Schlägen seines Gegenübers immer wieder ausweichen und kam schließlich mit einer linken Geraden durch, die Amykos mitten auf der Stirn traf und niederstreckte. Die Bebryker hatten jedoch von Fairplay noch nie etwas gehört und wollten die Niederlage ihres Anführers nicht so einfach hinnehmen, weswegen unsere Helden dann, um sich zu verteidigen, zumindest ein Dutzend von ihnen niedermetzeln mußten.

Phineus

So verließen die Argonauten Bebrykos und gelangten nach Ostthrakien, wo sie auf König Phineus trafen, den Herrscher dieses Reiches, der gerade eine ziemlich schwierige Zeit durchmachte.

Es wird berichtet, daß er von den Göttern verfolgt wurde, weil er die Kunst der Weissagung allzu detailgenau ausübte. So soll er, wenn er jemanden zu warnen hatte, dem Unglücklichen nicht nur den Vor- und Zunamen des Feindes, vor dem er sich in acht zu nehmen habe, mitgeteilt haben, sondern auch den genauen Tag und sogar die Stunde des bevorstehenden Unheils. Verärgert über diese peniblen Weissagungen, hatten die Götter den armen Phineus zunächst geblendet und dann dazu verurteilt, vorschnell zu altern und sich nie mehr satt essen zu können. Dafür sorgten die beiden Harpyien Aillopos und Okypete, große Vögel mit Frauengesichtern, die Phineus jedesmal, wenn er sich zu Tisch setzte, den Bissen sogleich aus den Händen rissen. Und wenn sie ihm doch etwas übrigließen, beschmutzten sie es so sehr, daß auch der leckerste Happen ungenießbar wurde.

Diese waren gefiederte Wesen, die, wenn dem Phineus der Tisch gedeckt war, vom Himmel herabflogen, das meiste wegraubten und die wenigen übrigen Brocken mit solchem Gestank angefüllt zurückließen, daß sie zum Essen durchaus untauglich waren.

(vgl. Apollodor, *Mythologische Bibliothek*, I, 9, 21)

Als Phineus die Rufe der Argonauten vom Strand hörte, eilte er ihnen sofort aufgeregt entgegen. Als Seher wußte er nämlich, daß die Helden bei ihm Station machen und auch, daß sie ihn bei dieser Gelegenheit ein für allemal von der schrecklichen Plage befreien würden. Doch die Helden zuckten zusammen, als sie ihn sahen. Welch ein widerlicher Anblick! Der Mann war zu einem wandelnden Skelett abgemagert, und sein eingefallener Körper war von Kopf bis Fuß mit einer dicken Kruste aus Vogeldreck überzogen. Ohne Umschweife kam Phineus zur Sache:

»Höret mich, Edelste der Hellenen. Bei dem schüt-
zenden Zeus, der frevelnde Männer am schlimm-
sten straft, bei Phoibos und selbst bei Hera, die
doch vor allen anderen Göttern eure Reise schüt-
zend begleitet, flehe ich innig: Helft mir, entreißt
einen Mann, der bitterlich leidet, dem Jammer!«
(vgl. Apollonios Rhodios, *Die Argonauten*, II,
209 ff.)

Iason wollte sich die Gelegenheit, die seherischen
Fähigkeiten des Phineus für sich zu nutzen, nicht entgehen lassen. So versprach er ihm die erbetene Hilfe,
wenn er ihm dafür eine genaue Liste aller Katastrophen erstellte, mit denen die Argonauten auf ihrem
langen Weg ins ferne Kolchis noch würden rechnen
müssen.

Phineus erklärte sich sofort dazu bereit und setzte
sich dann zu Tisch, um die Argonauten mit seinem
Problem vertraut zu machen. Seine Diener brachten
ein paar Leckereien, Phineus griff zu...

... da eilten die Harpyien so schnell herbei wie
Blitze oder wirbelnde Winde, stürzten stürmend
sich herab aus den Wolken und schnappten krei-
schend und gierig nach den Speisen. Da schrien
die Helden daneben laut auf vor Entsetzen, doch
die Harpyien fraßen alles auf und flogen dann
über des Meeres Gewässer von dannen. Zurück
blieb unausstehlicher Pesthauch.
(vgl. ebda., II, 267 ff.)

Die beiden Monstervögel hatten gerade ihr Spiel beendet, da erhoben sich auch zwei der Argonauten mit ihren Schwertern in der Hand in die Lüfte, und zwar Zetes und Kalais, die geflügelten Söhne des Nordwindes Boreas. Sie flogen den unappetitlichen Harpyien nach, stellten sie bei den Strophaden-Inseln und hätten sie auch getötet, wäre nicht die Göttin Iris eingeschritten. Sie setzte sich für die Vögel ein und versprach, daß die Ungeheuer König Phineus nie wieder belästigen würden.

Dieser Mythos ist jedoch auch in einer anderen Version überliefert, unter anderem durch Diodorus Siculus. Danach wurde Phineus nicht von den Harpyien gequält, sondern es soll seine zweite Frau Idea, eine Skytin mit üblem Charakter, gewesen sein, die ihm täglich die Bissen von der Gabel nahm. Diese heimtückische Frau habe Phineus' Blindheit ausgenutzt und ihm nur etwas von diesen Harpyien erzählt, um ihn jeden Tag von morgens bis abends peinigen zu können. Und nicht zufrieden damit, ihren Gatten hungern zu lassen, beschuldigte sie auch noch dessen Söhne aus erster Ehe, ihr Gewalt angetan zu haben, worauf der hintergangene Phineus die beiden in den Kerker stecken ließ. In dieser Version töten die Argonauten Idea, befreien Phineus' Söhne und werden von diesem zum Dank mit Geschenken überhäuft.

Die symplegadischen Felsen

In der heutigen Peripherie von Istanbul erhoben sich
einstmals die Symplegaden, auch Kyaneai genannt,
zwei riesige Klippen an der Einfahrt zum Schwarzen
Meer. Jedesmal, wenn ein Schiff hindurch wollte,
schnappten sie wie Fangeisen zu. Und die Helden
hofften...

Daß der Felsen unwiderstehlicher Prall
Sie entgingen. Waren da zween, und sie lebten,
Wilder fuhren sie gen einander daher
Als die Scharen tosender Stürme.
(Pindar, *Oden*. Vierte Pythische Ode, 208–212)

Phineus hatte jedoch um die gefährlichen Felsen ge-
wußt und den Argonauten verraten, wie sie zu umge-
hen seien.

Durch eine Taube, die ihr zuvor vom Schiffe ent-
sendet, mögt ihr zuvor die Durchfahrt erproben.
Hat sie mit raschem Gefieder in der Richtung des
Pontos die Felsen glücklich durchflogen, ja dann
zögert auch ihr nicht länger und waget die Durch-
fahrt. Packt die Ruder dann mit kräftigen Fäusten
und steuert durch die Enge des Meeres und sucht
nicht so sehr im Gebet eure Rettung als besser im
kräftigen Schwunge der Arme.
Wird die Taube von der Felsen Kraft getötet, kehrt
dann lieber zurück, den Göttern zu weichen ist
besser, denn ihr würdet sonst dem entsetzlichen

Schicksal zwischen den Felsen nicht entrinnen,
und wäre sogar aus Eisen die Argo.
(vgl. Apollonios Rhodios, *Die Argonauten*, II,
328 ff.)

Iason machte alles genau so, wie Phineus ihm geraten
hatte. Als die schrecklichen Felsen zuzuschnappen begannen, ließ er eine Taube als Vorhut losfliegen. Der
Vogel schoß los, und zwar so schnell, daß die Symplegaden nur noch ein Stückchen seiner Schwanzfedern
erwischten. Als sich die Felsen dann wieder öffneten,
legten sich die Helden in die Riemen und ruderten mit
aller Kraft, mit Ausnahme von Orpheus wiederum, der
seinen Kollegen während der ganzen Aktion mit seinem
Gesang Mut machte. So büßte die Argo nur etwas von
ihren Verzierungen am Heck ein, und Pindar zufolge...

... erstarrten die Felsen durch die Durchfahrt der
Göttersöhne
und verloren für immer ihren Schrecken.
(vgl. Pindar, *Oden*. Vierte Pythische Ode, 210 ff.)

Eine Tatsache, die ich selbst bestätigt fand, als ich vor
Jahren völlig unbehelligt durch den Bosporus schip-
perte.

Pontos Euxeinos

Auf ihrer Fahrt entlang der Südküste des Schwarzen
Meeres, auch Pontos Euxeinos genannt, gingen die Ar-

gonauten des öfteren an Land und kamen so mit vielen Völkern mit den seltsamsten Sitten in Kontakt, wobei sie, wie könnte es anders sein, eine Reihe von Gefahren zu bestehen hatten. Darauf hatten sie als Helden schließlich auch ein Recht. Iason war ja eine Art Indiana Jones klassischer Zeiten, ein Mann, der sich nur wohl fühlte, wenn es brenzlige Situationen zu meistern gab.

Zu den zahlreichen Völkern, mit denen die Argonauten Tuchfühlung aufnahmen, zählten zum Beispiel: Mossynoiken, Amazonen, Tibarener, Mariandyner, Becheirer, Makronen, Bithynier, Chalyber, Philyrer, Byzerer, Sapeirer, Kytaier, Kolcher und Kirkaier. Es ist unmöglich, hier auf alle näher einzugehen. Auf die berühmten Amazonen, jene kriegerischen Damen, die wegen ihrer Erbarmungslosigkeit berüchtigt waren und die sich, um den Bogen besser spannen zu können, den rechten Busen abnahmen, werden wir im Zusammenhang mit den Taten des Herakles noch zu sprechen kommen. Zwei kuriose Sitten dieser Menschen am Schwarzen Meer dürfen wir aber nicht unerwähnt lassen. So war es bei den Tibarenern Brauch, daß sich während einer Geburt der Vater des Kindes ins Bett legte und schrie, als habe er und nicht die Mutter die Geburtswehen auszuhalten. Auch die Mossynoiken waren ein seltsames Völkchen: Bei ihnen erfolgte alles öffentlich, was bei anderen Völkern hinter verschlossenen Läden geschah, und umgekehrt, einschließlich des Liebesspiels.

Das nächste Abenteuer erlebten unsere Helden in der Nähe der Aresinsel, die, wie der Name schon sagt, dem Gott des Krieges geweiht war. Dort wurden sie von einem Schwarm Tauben empfangen, die sich angriffslustig auf die Argonauten stürzten. Während sich aber die Vögel in Hitchcocks gleichnamigem Film damit begnügen, ihre Opfer mit Schnäbel- und Krallenhieben zu traktieren, feuerten die Tauben des Ares bronzene Federn wie Geschosse auf die Helden ab. Diese aber waren nicht übermäßig besorgt, hatten sie doch von König Phineus erfahren, wie sie sich dagegen schützen konnten. So teilten sie sich in zwei Gruppen auf, und während die eine Hälfte der Männer ruderte, hielt die andere schützend ihre Schilde über sie.

Nachdem sie nun mit Hilfe der Götter die Prüfungen mit den zuschnappenden Felsen, boxenden Königen und schießenden Tauben überstanden hatten, kam endlich das heißersehnte Kolchis in Sicht. Bevor sie an Land gingen, rief Iason seine Leute zu einer Lagebesprechung zusammen. Ankaios ergriff als erster das Wort:

>»Kolchis haben wir nun erreicht und die Strömung des Phasis. Jetzt ist die Stunde gekommen, gemeinsam klug zu erwägen, ob mit gewinnenden Worten wir dem Aietes uns nähern oder ob sich uns wohl ein besseres Mittel bietet, um ihm das Goldene Vlies zu entreißen.«*
(vgl. Apollonios Rhodios, *Die Argonauten*, II, 1277 ff.)

Und so gebot Iason...

... den Rat des Argos befolgend, das Schiff in einer
schattigen Waldbucht still vor Anker zu legen.
Hier ruhten sie sich im nächtlichen Dunkel aus.
Bald aber erstrahlte schon das sehnlichst erwar-
tete Frührot und mit ihm ihre Hoffnungen.
(vgl. ebda., II, 1281 ff.)

IV

Das goldene Vlies

Für die Griechen war das Reich von König Aietes der Ort, wo sich die Sonnenstrahlen abends zur Ruhe legten, um ihn am nächsten Morgen in neuem Glanz wieder zu verlassen. Kolchis war also das Sinnbild des Ostens, wo jeden Morgen der neue Tag erwachte. Aietes selbst galt als Sohn von Helios, war also ein enger Verwandter der Sonne.

Dieser König Aietes hing nun mit ganzem Herzen an seinem Goldenen Vlies, und wehe dem, der ihm zu nahe kam. Die ganze Sache hatte sich folgendermaßen entwickelt: Als Phrixos auf dem Rücken des goldenen Widders von Griechenland angeflogen kam, hatte er das arme Tier nach der Landung in Kolchis sogleich einem traditionellen religiösen Ritus entsprechend enthäutet und dem Göttervater Zeus geopfert. Das wertvolle Fell aber schenkte er Aietes und erhielt dafür die Hand von dessen Tochter Chalkiope.

Wie sollte man Aietes nun dazu bringen, die wertvolle Reliquie herauszurücken? Noch dazu hatte der »blutrünstige Herrscher von Kolchis« das gute Stück an eine Eiche genagelt, die inmitten eines dem Kriegsgott Ares geweihten Hains stand, und als weitere Sicherheitsmaßnahme einen nie schlafenden, riesigen Drachen damit beauftragt, das Vlies zu bewachen.

Als die Argonauten nun zum Schloß von König Aietes gelangten, blieb ihnen erst einmal die Luft weg: Solch einen herrlichen Palast hatten sie noch nie gesehen!

Am Eingang blieben sie stehen und staunten über des Schlosses Mauern, die breiten Pforten, die langen Reihen von Säulen, die die Decken stützten. Ein Steingesims lief oben längs dem Hause hin, mit Erzgebilden verbunden. Schweigend überschritten sie nun die Schwelle; daneben rankten sich edle Trauben, von grünen Blättern umgeben, hoch in üppiger Fülle, und unter ihnen entströmten vier stets rinnende Quellen, vom Gotte Hephaistos gegraben. Die erste verströmte Milch, die zweite Wein, die dritte duftendes Öl und die vierte spendete immer Wasser, heiß, beim sinkenden Licht der Plejaden, und kalt, wenn das Sternbild am Himmel emporstieg.

(Apollonios Rhodios, *Die Argonauten*, III, 215 ff.)

Das erste Zusammentreffen mit König Aietes verlief jedoch überaus unglücklich. Iason hatte sich von Argos, dem Schiffsbauer, vorstellen lassen und seinen Argonautenkollegen Augeias, einen Halbbruder von Aietes, mitgebracht. Er hoffte, ein Verwandter könne die Verhandlungen irgendwie erleichtern. Aber es war nichts zu machen. Aietes dachte gar nicht daran, das

Goldene Vlies herzuschenken. Dabei hatte sich Iason eine schöne Rede zurechtgelegt, in der er geltend machte, daß das Goldene Vlies eigentlich dem griechischen Volk gehöre, da Phrixos ja ein Bürger aus dem griechischen Iolkos gewesen sei. Doch Aietes ließ ihn gar nicht zu Wort kommen und schrie ihn an:

>>*Aus meinen Augen, Verräter, hinweg aus meinem Gebiet, ihr tückischen Lügenerfinder, ehe einer zum eigenen Schaden das Fell aus der Nähe sich anschaut.*<<
(vgl. ebda., III, 372 ff.)

Doch Argos erklärte ihm, daß es sich bei den Argonauten um Göttersöhne handele und daß sie es keinesfalls auf sein Königreich abgesehen hätten. Ganz im Gegenteil. Sie seien gern dazu bereit, ihm bei möglichen Reibereien mit Nachbarvölkern zur Seite zu stehen. Und Aietes dachte eine Zeitlang nach und antwortete dann:

>>*Gut, Fremdlinge, so ihr denn Göttersöhne seid, will ich euch das Vlies geben. Doch verlange ich zuvor noch als Probe auf eure Kräfte eine Arbeit, die ich selbst zu verrichten vermag mit eigenen Händen. Es weiden mir im Aresgefilde zwei Stiere. Ihre Hufe sind ehern und sie schnauben flammenden Atem. Diese treib ich im Joch durch Ares' rauhe Gefilde ganze vier Hufen, und die durchfurche ich rasch mit dem Pfluge bis an die Grenze. Doch sä' ich hinein nicht die Früchte der Deme-*

ter, sondern die Zähne eines schrecklichen Dra-
chen, die zu bewaffneten Männern aufsprießen.
Sie umdrängen mich feindlich, aber mein Speer
vertilgt sie alle, ich mähe sie nieder. Morgens
spann' ich die Stiere an, beim Sinken der Sonne
rast' ich vom Mähen. Wenn du, Iason, nun dies
alles vollendet, magst du am gleichen Tag das Fell
deinen Königen bringen.«
(vgl. ebda., III, 402 ff.)

Unterdessen war es auf dem Olymp zu einem eigenartigen Bündnis gekommen. Die drei Göttinnen Hera,
Athene und Aphrodite, die sich normalerweise spin-
nefeind waren, überlegten zusammen, wie sie Iason
helfen könnten. Und eine jede hatte ihren guten
Grund dazu. Hera, weil Iason ihr über den Fluß ge-
holfen hatte, Athene, weil sie mit Argos zusammen
das Schiff gebaut hatte, das ihn bis nach Kolchis
brachte, und Aphrodite, weil Iason die Frauen auf
Lemnos mit der Liebe versöhnt hatte. Die drei Göttinnen stimmten nun darin überein, daß Iason allein
die Probe niemals würde bestehen können, und trafen
dementsprechend ihre Vorkehrungen. Gemeinsam
statteten sie Eros, dem göttlichen Knaben, einen Besuch ab und baten ihn, einen seiner schicksalhaften
Pfeile der jüngsten Tochter des Aietes, Medeia nämlich, ins Herz zu schießen, damit sie sich rettungslos
in Iason verliebe. Zunächst wollte Eros seinen Göt-
terkolleginnen noch nicht einmal zuhören. Er war
nämlich ins Würfelspiel mit Ganymedes vertieft (oder
besser, er betrog ihn beim Würfeln) und wollte sich

nicht ablenken lassen. Dann versprach ihm seine Mutter Aphrodite jedoch einen goldenen Ball, der viele Jahre zuvor einmal das Lieblingsspielzeug von Zeus gewesen war, und machte ihm das Geschenk mit folgenden Worten schmackhaft:

>*Goldene Kreise sind darauf gefügt und jeder von ihnen ist von einem doppelt gebogenen Ring umgürtet. Unmerkbar sind seine Fugen versteckt, und eine blaue Spirale läuft über alle dahin, und wirfst du den Ball mit den Händen, glänzt er gleich einem Stern bei seinem Flug durch die Lüfte. Den Ball verschaffe ich dir. Du aber sollst des Aietes' Tochter durch einen Pfeil verzaubern, daß sie in Liebe zu Iason entbrenne. Aber ohne Verzug, sonst wird die Belohnung geringer.*«
(vgl. ebda., III, 136 ff.)

Solch ein schönes Geschenk konnte sich Eros unmöglich entgehen lassen. Er eilte in Aietes' Palast und erblickte Medeia, die sich zusammen mit ihrer Schwester Chalkiope hinter einem Vorhang versteckt hatte, um heimlich die stattlichen fremden Männer zu beobachten. Der erbarmungslose Jüngling nahm einen Liebespfeil aus seinem Köcher und schoß ihn der Jungfrau mitten ins Herz.

Mancherlei Gedanken, wie sie die Liebe erregt, durchzogen ihr quälend die Seele. Alles sah sie beständig vor Augen und wollte sie nicht mehr verlassen. Sie sah Iason, wie er gestaltet war, von

welchen Gewändern umkleidet, was er gesprochen
und wie er saß auf dem Sessel und fort dann
schritt durchs Tor. Und sie wähnte in ihrem Her-
zen, kein andrer Mann komme ihm gleich. Noch
immer klang ihr im Ohr seine Stimme und wie er
mit sanftem Wohllaut gesprochen. Angst um ihn
befiel sie, es könnten die Stiere ihn töten oder
Aietes selbst. Sie klagte, als hätte der Tod ihn
wirklich schon entrissen, und zärtliche Tränen der
Trauer rannen aus tiefstem Gefühl ihr über die
Wangen.
(vgl. ebda., III, 451 ff.)

Ähnlich wie Klytaimnestra, Helena oder Polyxena ist auch Medeia eine gespaltene Persönlichkeit. Liest man ihre dramatische Lebensgeschichte, fragt man sich immer wieder, ob sie selbst die Fäden in der Hand hält, oder ob es die »Notwendigkeit« ist, die ihr von Mal zu Mal den Handlungsablauf diktiert. Liebe und Haß wechseln sich unentwegt in ihrem Herzen ab und verleiten sie je nachdem zu Gnade oder zu Taten, die uns mit Abscheu erfüllen. Doch vergessen wir nicht, daß Medeia eine Zauberin ist, ebenso wie Kirke, ihre Tante, die dadurch bekannt wurde, daß sie Odysseus' Männer in Schweine verwandelte.

Die Probe, die Aietes von Iason verlangte, kam genau genommen einer Einladung zum Selbstmord gleich. Die flammenwerfenden Stiere würden ihn schon in Asche verwandelt haben, bevor er auch nur auf zehn Schritte an sie herankam. Medeia jedoch, die bis über beide Ohren verliebte Zauberin, konnte angesichts dieses angekündigten Todes natürlich nicht gleichgültig bleiben. Was tat sie also? Sie griff zu einer ihrer zahlreichen Zaubersalben, die sie von ihrer Mutter Hekate (Schutzpatronin aller Zauberinnen) bekommen hatte, und bestellte Iason zu einem Treffpunkt außerhalb des Palastes. Als sie nun sah, wie er ihr entgegenkam, betörend schön, mit dem glänzenden Helm und dem himmelblauen Umhang, der ihm über die Schultern fiel, war sie verloren. Ovid läßt sie in einem imaginären Brief an den Geliebten später ihre Gefühle beschreiben:

Wie ich dich sah, erlag ich und brannte in nimmer gekannten
Flammen, wie Fackeln von Kien lodern zur Gottheit empor.
Du warst schön, und mich riß fort mein böses Verhängnis,
Deiner Augen Gewalt hatte die meinen geraubt.
(Ovid, *Heroides*, XII, 33 ff.)

Apollonios zufolge war Medeia bei Iasons Anblick wie gelähmt:

Aus der Brust entschwand ihr die Besinnung, und Dunkel deckte ihr Auge, es färbte die Wangen heißes Erröten, ihre Knie trugen sie weder vorwärts noch rückwärts, wie im Boden verwurzelt stand sie da.
(vgl. Apollonios Rhodios, *Die Argonauten*, 962 ff.)

Kurzum, Medeia war dermaßen verdattert, daß sie kein einziges Wort herausbekam. Doch Iason verstand, was in ihr vorging, und sprach sie mit sanfter Stimme an:

>*Warum ängstigst du dich vor mir, o Jungfrau, da ich alleine bin? Sieh mich an: Ich bin kein Prahler, wie wohl andere Männer. Darum laß fahren dein Bangen, o Jungfrau, und offenbare dich frei und sprich.*<

(vgl. ebda., 975 ff.)

Da faßte sich Medeia ein Herz und reichte ihm ein Gefäß mit einer eigenartigen blutroten Salbe. Wenn er sich damit den ganzen Körper von Kopf bis Fuß einreibe, so sagte sie, könne ihm einen Tag lang kein Feuer oder Tierhorn etwas anhaben. Es wird erzählt, daß Medeia dieses Mittel eigenhändig aus dem safrangefärbten kaukasischen Krokus gewonnen habe. Diese Blume soll aus dem Blut des Prometheus gewachsen sein, jenes Giganten, den Zeus dazu verurteilt hatte, Tag und Nacht von einem Adler gepeinigt zu werden. Doch das war noch nicht alles. Mit vor Aufregung zittriger Stimme gab Medeia ihrem Helden noch einige wertvolle Tips mit auf den Weg:

>*Hast du einmal ins Joch die gewaltigen Stiere gezwungen, bald auch mit männlicher Kraft das rauhe Gefilde durchackert und in die schwärzlichen Schollen gesät die Zähne des Drachen, siehst du schon die Krieger in Massen dem Acker ent-*

steigen. Schleudre dann unbemerkt von ihnen ein
mächtiges Felsstück, daß sie wie bissige Hunde
um einen Knochen darüber herfallen und einer
den anderen vertilge.«
(vgl. ebda., III, 1052 ff.)

Iason war gerührt von Medeias Hilfsbereitschaft, und
vielleicht auch betört von ihrer Schönheit. Er küßte
ihre Hände und schwor ihr, daß er sie niemals vergessen werde, wenn es ihm gelingen sollte, wohlbehalten
nach Griechenland zurückzukehren. Dann plötzlich
kam ihm eine Idee:

»Kämest du aber mit mir in die Lande von Hellas,
würdest du hoch gepriesen von allen Männern
und Frauen, und du würdest geehrt, als wärst du
der Göttinnen eine, weil durch deinen Rat Söhne,
Brüder, Gatten und Freunde wohlerrettet heim-
kehrten und allem Verderben entrannen. Du wirst
mit mir das Lager teilen, das eheliche, und nichts
wird mehr unsere Liebe trennen, bis daß das
Todesschicksal uns beide umfange.« So sprach er,
und sie vernahm's mit überquellendem Herzen.
(vgl. ebda., III, 1122 ff.)

Aietes verstand die Welt nicht mehr, als man ihm berichtete, daß Iason die Aufgabe mit den Stieren unbe-
schadet gemeistert hatte und auch nicht von den aus
den Furchen gewachsenen bewaffneten Kriegern getötet worden war. Was, wenn dieser Iason tatsächlich
ein Schützling der Götter ist? dachte er unruhig. Doch

das Spiel war ja noch nicht zu Ende. Es blieb das Vlies zu erobern, was, wie wir wissen, mit einigen Schwierigkeiten verbunden war. Der Drache, der es in dem Ares geweihten Hain bewachte, war rund um die Uhr auf Posten, und als wenn das noch nicht gereicht hätte, verfügte er auch noch über einen tödlichen Atem, der jeden sofort niederstreckte. Anders ausgedrückt, er hatte entsetzlichen Mundgeruch, und außerdem war er, Pindar zufolge, unfaßbar groß.

> *(Das Vlies) ruht' im Dickicht ja, halb hing's auch*
> *in eines Lindwurms gewaltigem Maul,*
> *Der an Breit' und Läng' ein Schiff von*
> *fünfzig Riemen besiegt',*
> *Wie es die ehrnen Hämmer schufen.*
> (Pindar, *Oden.* Vierte Pythische Ode, 243 ff.)

Doch keine Angst. Auch jetzt war Medeia mit Erste-Hilfe-Maßnahmen zur Stelle. Die Zauberin gab Iason eine Art Spray, das er dem Drachen in die Augen sprühen solle, und der würde auf der Stelle einschlafen. Auch dieses Zaubermittel hatte Medeia von ihrer Mutter Hekate bekommen, der leisen Herrin der Nacht.

Um die Augen des Drachens zu erreichen, bediente sich Iason eines langen Wacholderzweiges, den er mit der magischen Flüssigkeit besprüht hatte. Sobald der Held merkte, daß der Drache eingeschlafen war, nahm er das Goldene Vlies vom Baum und hielt es triumphierend in die Höhe, um es seinen Gefährten zu zeigen, die ihm in gebührender Distanz gefolgt waren.

Wie eine Maid auf ihrem zarten Gewande den
Glanz des Vollmonds, der über ihrer Kammer
scheint, empfängt und sich des herrlichen Glanzes
erfreut, so füllte auch Freude des Iasons Herz, als
er in den Händen das Vlies, das große, davontrug.
Auf seiner Stirn und auf den blondumkräuselten
Wangen strahlte rötlicher Glanz von dem Fell wie
flackerndes Feuer.
(vgl. Apollonios Rhodios, *Die Argonauten*, IV,
167 ff.)

Wie man sich leicht vorstellen kann, war Aietes stink-
sauer. Am liebsten hätte er alle Argonauten auf der
Stelle zum Hades geschickt, doch nachdem er sich ein
wenig beruhigt hatte, entschloß er sich, es noch einmal mit einer List zu versuchen. Er wollte die Fremden zu einem großen Abschiedsbankett einladen und
dann, während sie schlemmten und tranken, ihr Schiff
Argo in Brand stecken. Doch bevor er dazu kam, ließ
Aphrodite in ihm eine unbändige Lust auf seine junge
Gattin Eurylyte aufkommen, so daß er die Angelegen-
heit kurzfristig vergaß und die Argonauten Gelegenheit hatten, unbehelligt den Strand zu erreichen. Mit
ihnen flohen auch Medeia und ihr jüngerer Bruder
Apsyrtos.

Die Rückkehr

Geschwind glitt die Argo über das ruhige Wasser des
Schwarzen Meeres, noch schneller jedoch war das

73

Schiff des Aietes, das ihnen nachjagte, angetrieben von den achtzig stärksten kolchischen Ruderern. Vorn am Bug hatte sich Aietes persönlich aufgebaut und gab den Männern den Takt vor. Iason brauchte nicht lange, um einzusehen, daß er keine Chance hatte. Die Verfolger mochten im Ausdauerbereich seiner eigenen Mannschaft unterlegen sein, aber auf die kurze Distanz waren sie einfach zu schnell. Jetzt half auch keine Zaubersalbe mehr. Um Aietes zu stoppen, mußten weit schwerere Kaliber aufgefahren werden. Da kam Iason eine teuflische Idee: »Töten wir doch deinen Bruder Apsyrtos und werfen ihn ins Meer«, schlug er Medeia vor. »Wenn dein Vater seine Leiche sieht, muß er wohl oder übel anhalten.« Wie wird Medeia wohl reagiert haben? War sie entsetzt, empört, flehte sie um das Leben ihres Bruders? Mitnichten! »Ja, Geliebter, eine ausgezeichnete Idee«, antwortete sie, »töten wir ihn. Aber laß uns seine Leiche Stück für Stück ins Wasser werfen, dann muß mein Vater öfter anhalten.«

Man erspare es mir, Medeias Antwort zu kommentieren. Einen Kommentar nicht verkneifen konnte sich jedoch eine Planke der Argo, die sprechen konnte:

»*Mörder, verflucht seid ihr. Zeus ist euer Tun nicht entgangen. Niemals werdet ihr die Weiten des Meeres und die entsetzlichen Stürme bestehen, sofern nicht Kirke eure sündigen Körper von dem grausigen Mord an Apsyrtos entsühnt.*«
(vgl. ebda., IV, 586 ff.)

Die Zauberin Kirke hatte in jener Nacht einen schrecklichen Traum. Sie sah die Wände ihres Hauses Blut
ausschwitzen. Das war auch der Grund, warum sie, als
die Argonauten auf ihrer Insel Aiaia gelandet waren
und nun vor ihr standen, sofort wußte, daß es sich um
Leute handeln mußte, die sich eines entsetzlichen Ver-
brechens schuldig gemacht hatten. Tatsächlich warfen
sich Iason und Medeia sogleich zu ihren Füßen nieder
und gestanden ihr ihre Missetaten. Wie wir wissen, war
Kirke eine Schwester des Aietes, also eine Tante von
Medeia und Apsyrtos. Und so hätte sie wohl, wenn es
nach ihr gegangen wäre, die Mörder aufs Schlimmste
bestraft. Nun sah aber das Gesetz der Götter vor, daß
einem reuigen Sünder Absolution erteilt werden
mußte, und so war sie gezwungen, den beiden zu ver-
geben, nicht ohne sie jedoch zuvor ordentlich zu verfluchen. Besonders Medeia nahm sie sich zur Brust:

»O du Unglückselige, deine Fahrt ist wahrlich
übel und schmachvoll. Nicht mehr lange wirst du
entgehen dem schweren Zorn des Aietes, und bald
wird er in Hellas' Gefilde dringen, den Mord des
Sohnes zu rächen, weil du zu Grausames tatest.
Doch da du Hilfe als meine Verwandte erbittest,
will ich kein weiteres Übel gegen dich ersinnen.
Aber verlasse mein Haus mit jenem Fremden zusammen, den du gewählt gegen den Willen des
Vaters. Nun umfasse nicht länger meine Knie an
meinem Herde, denn niemals werde ich deine Be-
schlüsse und deine schimpfliche Flucht dir loben.«
(vgl. ebda., IV, 739 ff.)

So machten sie sich auf den Rückweg nach Griechenland, der auch nicht weniger anstrengend als die Hinfahrt wurde. Auch hatten sie wieder eine ganze Reihe verlustreicher Kämpfe auszutragen und zahlreichen eigenartigen Naturerscheinungen zu trotzen. Aber die Weitschweifigkeit ist ja gerade das Schöne an diesen Geschichten. Übrigens war wahrscheinlich die Eroberung des Goldenen Vlieses und nicht die *Odyssee* der erste große Fortsetzungsroman in der Geschichte der Menschheit. Homer selbst weist darauf hin, wenn er im Zusammenhang mit der Argo von *pasi-mélousa,* »der allbesungenen«, spricht (*Odyssee,* XII, 70).

Die Argonauten erreichten das ägäische Meer und gingen in Korkyra, im Reich von König Alkinoos, an Land. Hier erflehte Medea sogleich den Schutz von dessen Gattin, Königin Arete, ein kluger Schachzug, denn noch am gleichen Tag traf gegen Abend auch ein Schiff von Aietes ein, dessen Kommandant im Namen seines Königs die sofortige Auslieferung des verbrecherischen Liebespaares verlangte. König Alkinoos war unschlüssig und verschob seine Entscheidung auf den nächsten Tag. Nachts ließ ihn dann seine Gattin Arete keinen Moment zur Ruhe kommen und erzählte ihm unablässig von den Grausamkeiten, die Väter ihren Töchtern im Lauf der Jahrhunderte schon angetan hatten:

»*Sind doch Eltern geneigt, den Kindern heftig zu zürnen; wie ja auch Nykteus die schöne Antiope strafte, wie ja auch Danaë schwer im Meere Drangsal hat erlitten durch die frevelnde Rache*

des Vaters, und jüngst in der Nähe bohrte den
ehernen Stachel der eigenen Tochter in die Augen
der wilde Echetos.«
(vgl. ebda., IV, 1089 ff.)

Nach einer schlaflosen, mit dem Anhören von Schau-
ergeschichten verbrachten Nacht, war Alkinoos weich
gekocht und sagte zu seiner Gattin: »Also gut, wenn
sie noch Jungfrau ist, soll sie in ihr Vaterland zurückkehren. Wenn sie jedoch schon mit Iason das Lager
geteilt hat, soll er sie heiraten, und dann kann sie bei
ihm bleiben!«

Sogleich unterrichtete Arete Medeia von diesem
Beschluß, und noch bevor Antinoos' Gynäkologen
dazu kamen, das Mädchen zu untersuchen, sorgten
die beiden Liebenden für eine Legalisierung ihrer Beziehung, sowohl im Tempel als auch im Bett, und die
Kolcher mußten unverrichteter Dinge wieder abzie-
hen.

Bevor die Argonauten aber in die Heimat gelangten,
wurden sie noch ein wenig kreuz und quer durch das
ganze Mittelmeer getrieben. Besonders ein Sturm
hatte es in sich, ein Unwetter, bei dem die Argo von
einer Woge erfaßt wurde, die so hoch war, daß sie das
Schiff erst wieder mitten in der libyschen Wüste ab-
setzte. Die Helden waren schon dem Verdursten nahe,
als Iason auf die Idee kam, das Schiff auf Rollen zu
setzen und auf diese Weise zum Meer zurückzuschie-
ben. Bei diesem Abenteuer verlor der Seher Mopsos
sein Leben. Er wurde von einer Schlange gebissen und
starb innerhalb weniger Sekunden. Anscheinend war

das Vorhersehen von Schlangenbissen die Achilles-
ferse des Apollonsohnes.

Bei ihrer Zickzackfahrt durchs Mittelmeer kamen
die Argonauten auch an der berüchtigten Sireneninsel
vorbei, eine Tatsache, die ein wenig überrascht, lag
doch Capri, das allgemein als der offizielle Sitz der
verführerischen Damen gilt, gar nicht auf der Reiseroute. Die Vorüberfahrt verlief allerdings problemlos,
denn ...

*... als sie an den Sirenen vorüberschifften, stimmte
Orpheus einen Gegengesang an und hielt so die
Argonauten zurück, den verlockenden Tönen zu
folgen.*

(vgl. Apollodor, *Mythologische Bibliothek*,
I, 9, 25.)

Manche behaupten, diese Schande habe den Sirenen
so zugesetzt, daß sie sich reihenweise umbrachten.
Das mag übertrieben erscheinen, wäre aber andererseits auch verständlich. Schließlich hatten die armen
Sirenen bei einer früheren Niederlage in einem Sän-
gerwettstreit gegen die Musen schon ihre Flügel eingebüßt. Und jetzt auch noch von einem Sterblichen in
der Sangeskunst übertroffen zu werden, muß wirklich
deprimierend gewesen sein. Für jene, denen die Ge-
fährlichkeit der Sirenen nicht so präsent ist, hier noch
einmal die Verse Homers aus der *Odyssee*:

*Welcher mit törichtem Herzen hinanfährt und der
Sirenen*

*Stimme lauscht, dem wird zu Hause nimmer die
Gattin
Und unmündige Kinder mit freudigem Gruße be-
gegnen;
Denn es bezaubert ihn der helle Gesang der Sire-
nen,
Die auf der Wiese sitzen, von aufgehäuften Gebei-
nen
Modernder Menschen umringt und ausgetrockne-
ten Häuten.*
(Homer, *Odyssee*, XII, 41 ff.)

Der einzige Argonaut, der auf die Sirenen hereinfiel,
war Butes, der sich von ihren himmlischen Gesängen
verzaubert ins Meer stürzte und wie ein Wahnsinniger
zu schreien begann. Doch Aphrodite rettete ihn und
brachte ihn auf den Gipfel eines Berges, wo sie sich in
aller Ruhe und von ihrem Gatten unbeobachtet mit
ihm dem Liebesspiel hingab.

Von den zahlreichen weiteren Abenteuern der Argonauten ist noch das mit Talos, dem bronzenen Giganten, einer besonderen Erwähnung wert. Talos, eine Art
Roboter des mykenischen Zeitalters, war vom Handwerkergott Hephaistos konstruiert worden mit dem
präzisen Auftrag, die Insel Kreta gegen die Einfälle der
blutrünstigen sardischen Piraten zu verteidigen. Mit
einer einzigen Vene ausgestattet, die von seinem Nak-
ken bis zu den Fußgelenken verlief, war Talos darauf
programmiert, jede Nacht dreimal die Runde um die Insel zu machen und dabei gigantische Felsblöcke auf jedes Schiff zu schleudern, das sich der Küste näherte.

So erging es auch der Argo, doch als man schon daran dachte, das Weite zu suchen und auf die vorgesehene Landung zu verzichten, ergriff Medeia das Wort:

»Höret mich an. Ich meine den Mann allein zu bezwingen, wer er auch sei, und wäre sein ganzer Körper auch ehern, es sei denn, er wäre beseelt mit unauslöschbarem Leben. Haltet darum das Schiff nur kräftig aus dem Bereich seiner Felsenwürfe, bis er bezwungen mir weiche.«
(vgl. Apollonios Rhodios, *Die Argonauten*, IV, 1654 ff.)

So sorgten die Argonauten für den erforderlichen Sicherheitsabstand, während Medeia zu rufen begann: »Talooos... Talooos...«

Der bronzene Riese ließ den Felsblock, den er gerade auf das fremde Schiff werfen wollte, sinken und blieb verzaubert von der schönen Stimme reglos am Ufer stehen.

»Talooos... Talooos...«

Verzweifelt bemühte sich Talos, mit Blicken das Dunkel zu durchdringen, doch außer den undeutlichen Umrissen eines Schiffes konnte er nichts erkennen. Da er nicht wußte, was er tun sollte, begann auch er zu rufen, mit einer natürlich sehr viel metalleneren Stimme.

»Wer bist du?«

»Ich bin Medeia und würde dich gern kennenlernen.«

»Dann komm zu mir geschwommen.«

Am Ufer angekommen, verabreichte Medeia ihm dann unter dem Vorwand, mit ihm auf die neue Freundschaft anstoßen zu wollen, ein Schlafmittel, und kaum daß der metallene Riese eingeschlafen war, entfernte sie den Nagel, der seine einzige Ader verschloß, und ließ ihn verbluten.

So war sie eben, Medeia.

V

Medeias Rache

Nachdem sie Kreta hinter sich gelassen hatten, ließ Iason einen nördlichen Kurs einschlagen, und mit Hilfe der Götter gelang es ihm schließlich auch, die heimatliche Erde wiederzusehen. Hier stand er aber vor einem nicht zu unterschätzenden Problem. Wie sollte er Pelias dazu bringen, ihm das Königreich zu überlassen? Diesbezüglich machte sich der junge Held keine großen Illusionen. Pelias war nicht der Typ, der durch gutes Zureden zur Abdankung zu bringen war. Nein, Iason mußte die Anwesenheit seiner fünfzig Heldenkollegen in Iolkos dazu nutzen, um Pelias zu zwingen, sich an die Abmachung zu halten. Und so war der Sohn des Aison gerade dabei, sich an die Spitze der Argonauten zu stellen und sie in den Kampf zu führen, als ihm Medeia in den Weg trat: »Halt ein, o Iason, und überlasse es mir, deine Feinde zu vernichten. Verberge du die Argo im schattigen Röhricht und warte ab, bis du auf dem Dach des Palastes eine Fackel aufleuchten siehst!«

Was hatte Medeia da wieder im Sinn? Ganz einfach: Da sie erfahren hatte, daß Pelias häufig über die

Last des Alters klagte und seine Töchter das Gejammer mittlerweile nicht mehr ertragen konnten, war sie auf die Idee gekommen, ihn mit einer schönen Verjüngungskur zu ködern.

Medeia verfertigte aber nun ein Bild der Artemis, das inwendig hohl war und Zaubermittel allerlei Art verbarg. Dann machte sie ihre eigenen Haare grau, indem sie sie mit gewissen kräftigen Salben einrieb, und Gesicht und Leib voller Runzeln, so daß sie jeder, der sie sah, für eine steinalte Greisin halten konnte. Schließlich begab sie sich mit dem Bild der Artemis zum Palast, und als sie vor den Herrschern stand, erzählte sie diesen, daß Artemis sie gesandt habe, um dem frömmsten aller Könige, Pelias nämlich, zu berichten, daß sie in seinem Lande ihren Sitz aufschlagen wolle, um sich dort für alle Zeiten anbeten zu lassen. Ihr selbst aber habe die Göttin befohlen, als Belohnung dem Pelias durch gewisse Zaubermittel sein Altern zu nehmen und ihm neue Jugend zu schenken.
(vgl. Diodorus Siculus, *Geschichtsbibliothek,* IV, 51)

Verständlicherweise wollten anfangs weder Pelias noch seine Töchter ihren Worten Glauben schenken, woraufhin Medeia um einen Krug Wasser bat und ein Räumchen, in das sie sich zurückziehen konnte. Nachdem sie sich dort gründlich gewaschen und abgeschminkt hatte, erschien sie wieder vor den Herrschern im Thronsaal, jetzt natürlich so jung und schön wie nie zuvor. Doch Pelias und seine Töchter waren immer noch nicht überzeugt. Also ließ sich Medeia einen großen Kessel mit kochendem Wasser bringen und warf einen alten, fast kahlen Ziegenbock hinein, um kurz darauf schon ein kleines Böcklein daraus hervorzuziehen, das munter durch den ganzen Palast sprang. Natürlich hatte sie auch hier wieder einen ihrer verblüffenden Zaubertricks angewendet.

»Habt ihr gesehen?« sagte Medeia zu den Mädchen. »Dies ist das Wasser der ewigen Jugend: Werft euren Vater hinein, und ihr könnt ihn um mindestens zwanzig Jahre verjüngt wieder herausholen!«

Nun gab es für die Mädchen kein Halten mehr. Sie packten ihren alten Vater und machten sich daran, ihn zu dem Kessel zu schleifen. Verständlicherweise wehrte sich Pelias mit aller Kraft. Er klammerte sich an den Armlehnen seines Thrones fest, trat um sich und schrie wie ein Besessener – doch ohne Erfolg. Wild entschlossen zerrten die Töchter den sich Sträubenden zu dem Kessel, warfen ihn, natürlich nur zu seinem Besten, in das kochende Wasser und warteten dann, daß er verjüngt wieder auftauche. Vergebens. Nach einer Weile begannen sie, ängstlich zu rufen.

»Papaaa, Papaaa!«

Nichts zu machen. Aus dem Kessel kam nur ein unheimliches Gluckern.

Währenddessen hatte Medeia die Verwirrung ausgenutzt, war auf das Palastdach geklettert und hatte Iason mit der Fackel das verabredete Zeichen gegeben. Und es dauerte auch nicht lange, bis dieser mit seinen Argonauten anmarschierte.

Nachdem nun Pelias beseitigt war, schien alles ein gutes Ende gefunden zu haben: Iason und Medeia hatten Iolkos erobert, waren Mann und Frau geworden und bekamen zwei Kinder. Andere sprechen auch von drei, manche sogar von vierzehn. Hätten wir es hier mit einem Märchen jüngeren Datums zu tun, könnten wir mit dem üblichen »Und wenn sie nicht gestorben sind ...« das Buch schließen. Doch ein Happyend paßt nun mal wenig zu einer griechischen Tragödie (was wäre das auch für eine Tragödie?), und so kam es, daß Iason nach ein paar Jahren begann, sich in Iolkos beengt zu fühlen. Das Königreich war ihm zu klein und zu arm, und so gab er es ohne Wehmut an Pelias' Sohn Akastos ab, der ihm bei der Eroberung des Goldenen Vlieses eine große Hilfe gewesen war. Worauf aber Iason nun ein Auge geworfen hatte, war Korinth, die blühendste Stadt Griechenlands. Um dieses Reich für sich zu gewinnen, mußte er nur die Tochter des dortigen Königs Kreon, Glauke nämlich, zur Frau nehmen. Das einzige Problem: Wie sollte er das Medeia beibringen? Und genau mit dieser Frage beginnt die berühmte Tragödie von Euripides.

Die Tragödie

Handelnde Personen in der Reihenfolge ihres Auftretens: Medeias Amme, Medeias Kinder (mindestens zwei), Chor der korinthischen Frauen, Kreon, Iason und Glauke, die man zwar nie zu Gesicht bekommt, die aber dennoch in allen Dialogen anwesend ist.

Als erste betritt Medeias Amme die Bühne. Sie hat die Aufgabe, die Zuschauer über die Vorgeschichte der Tragödie zu unterrichten:

>*»O wäre durch die finstren Symplegaden nie*
Argo, das Schiff, geflogen nach der Kolcher Land;
Wär' dann die Herrin mein, Medeia,
Nie zu Iolkos Burgenkranz gelangt;
Verloren in der Lieb' zu Iason; hätte nie
Zum Vatermord des Pelias Töchter aufgehetzt
Und wohnte heute nicht mit den Ihren in Korinth.
Erst war sie, die sich fügte, ganz mit Iason eins,
Doch jetzt ist alles feind, und krank ihr Eheglück.
Iason verließ die Kinder und die Herrin mein,
Er macht' sich an das königliche Bett und nahm
Zum Weib die Tochter Kreons, der im Land ge-
beut.
Medeia, die Unsel'ge, die Mißachtete,
Schreit nach den Eiden, nach dem Handschlag
ruft sie laut,
Der Treue Unterpfand, und fleht die Götter an,
Sie möchten Zeugen sein, wie Iason ihr vergilt.
Seitdem sie weiß, wie schwer ihr Gatte sie ge-
kränkt,
Liegt sie, rührt keine Speisen an und überläßt
Sich ganz dem Schmerz. Es endet nicht der Trä-
nenstrom.«

(Euripides, *Medeia*, 1 ff.)

Nach dem Prolog treten Medeias Kinder auf, die sogleich mit einem Schwall von Verwünschungen traumatisiert werden. Wer (wie der Autor) als Kind in einer Aufführung von Medeia als Statist mitwirken durfte, weiß, was gemeint ist. So empfängt die Amme sie zum Beispiel gleich mit den Worten:

>»Kinder, ihr höret ja, daß euch der Vater nicht mehr liebt!
Soll ich den Tod ihm wünschen? Nein, er ist mein Herr.
Doch hat er als ein Feind den Seinen sich ge-zeigt.«
(ebda., 84 ff.)

Und Medeia setzt noch eins drauf, indem sie zu ihren Kindern sagt:

>»Verflucht die Mutter, verflucht darum auch ihr,
Die Kinder. Mögt ihr mit dem Vater denn,
Mit dem ganzen Haus zugrunde gehn!«
(ebda., 113 ff.)

Nachdem die Kinder mit einigen weiteren düsteren Verwünschungen verabschiedet worden sind, läßt Medeia eine der ersten feministischen Tiraden aller Zeiten los:

>»Von den Geschöpfen, die Natur mit Einsicht und Gefühl begabt, sind wohl die Fraun die unglück-seligsten.
Mit einem Übermaß an Aufwand kaufen wir
Den Ehgemahl; dann wird er Eigner unsres Leibs,

87

Und dies von beiden Übeln ist das ärgere.
Darauf die bange Frag': war schlecht, war recht
die Wahl?
Denn wenn die Frau sich scheidet, stürzet sie in
Schmach,
Doch kann der Mann, wenn ihn je das Häusliche
beschwert,
Draußen sein Herz von allem Überdruß befrein,
Zu einem Freund, zu einem gleichen Alters gehn;
Doch unser Blick steht stets im Bann des Einzi-
gen.
Sie sagen, ein gefahrlos Leben lebten wir
Daheim, indes das Schwertgetümmel sie bedrängt.
Mit Unrecht! Besser dreimal Kampf mit Schild
und Speer
Als einmal nur bestehn der Wehen grimme Pein.«
(ebda., 232ff.)

Die arme Medeia ist jedoch noch schlimmer dran als
andere betrogene Ehefrauen, die immerhin noch zu
Hause warten können, bis ihr untreuer Gemahl heim-
kehrt. Medeia aber soll ins Exil. So hat es Kreon, Iasons neuer Schwiegervater, beschlossen. Doch so
einfach läßt sich Medeia natürlich nicht vertreiben.
Sie tritt vor den alten König und fragt ihn geradeher-
aus:

»Was, Kreon, zwingt dich zu solchem Tun?«

Und dieser antwortet:

»Die Furcht – in Lügen mich zu kleiden, brauch'
ich nicht –,
Du könntest meiner Tochter ein unheilbares Weh
Antun. Und diese Furcht begründet mancherlei.
Klug bist du und mit Freveltaten wohlvertraut;
Auch grämst du dich, daß man vom Ehbett dich
verstieß.
(ebda., 271 ff.)

Wie in allen griechischen Tragödien wird auch hier die
Handlung immer wieder durch sogenannte Stasima
unterbrochen, in denen der Chor – hier ganz in Weiß
gekleidete Frauen – die Ereignisse mit unheilschwan-
gerer Stimme kommentiert.

»Wehe, wehe, wehe –
Des Eides Kraft bindet nicht mehr. Die Ehrfurcht
Wich aus den herrlichen Gau'n
Der Hellenen und flog gen Himmel.«
(ebda., 440 ff.)

Nun hat auch Iason seinen ersten Auftritt. Der Ärmste (er hat es ja auch nicht leicht!) müht sich verzweifelt, Medeia zu erklären, warum er um Glaukes Hand
angehalten hat. Sein Interesse an dem Mädchen habe
nichts mit Liebe oder Leidenschaft zu tun, stellt er
klar, sondern sei eine politische und ökonomische
Notwendigkeit. Aber davon hätten die Frauen ja so-
wieso keine Ahnung. Trotz dieser Klarstellung jedoch
hört Medeia nicht auf, ihn zu beschimpfen. Daher
macht er ihr, immer noch in der Hoffnung, sie zur Ver-

89

nunft zu bringen, folgenden Vorschlag: »Paß mal auf, Medeia, du gehst jetzt ganz brav ohne langes Theater ins Exil, und ich richte mich hier erst mal ein. Und wenn sich dann nach einiger Zeit die Gemüter beruhigt haben, laß ich dich – und das schwöre ich dir bei allen Göttern, die die Menschen beschützen – zurückkommen, und dann werden wir, ich schwör's dir, alle eine große glückliche Familie: du, ich, Glauke, ihre Kinder und deine Kinder!«

Und wie reagiert Medeia, die Verstoßene, auf den Vorschlag ihres Ex? Hören wir sie:

> *»Wohin soll ich mich wenden? Zu des Vaters Haus,*
> *Das ich verließ, und ließ mein Land und folgte dir?*
> *Gar zu des Pelias armen Töchtern? Schön fürwahr*
> *Müßt' der Empfang sein für des Vaters Mörderin.*
> *So ist's, die Teuren in der Heimat macht' ich*
> *Zu Feinden mir; ja, ein jeder, der mir wohlgetan,*
> *Sie alle sind mir heut' um deinetwillen gram.«*
> (ebda., 502 ff.)

Iason schweigt. Was soll er ihr auch antworten? Am liebsten wohl: »Geh' doch, wohin du willst. Hauptsache, ich bin dich los!« Aber dazu fehlt ihm der Mut, und Medeia nutzt sein Zögern, um sich an die Götter zu wenden.

> *»Warum tust du uns, Zeus, nur durch klare Zeichen kund,*

Wann Goldesschimmer trügrisch ist? Genauso müßten wir
Durchschauen können eines Mannes Schlechtig-keit,
Zeigt sich kein Merkmal seinem Wesen aufge-prägt.«
(ebda., 516 ff.)

Darauf beginnt sie erneut, Iason zu verfluchen:

»Du Schnödester der Schnöden – da kein schlim-meres Wort
Für deine Feigheit meine Zunge bilden will,
Daß jemand einem, dem er eben weh getan,
Ins Antlitz schaut, verrät nicht Sicherheit, nicht Mut,
Beweist des Menschen größtes Laster, Frechheit, nur.«
(ebda., 465 ff.)

Jetzt verliert auch Iason allmählich die Geduld:

»Kein schwacher Redner darf ich sein, bedünket mich,
um zu entrinnen deiner Zunge schwerem Gift.
Nicht freit' ich Glauke dir zur Pein, als wäre mir dein Bett
Verhaßt; noch weil die jüngren Arme mich verlockt;
Ich wünschte mir ein Leben, wie's für uns sich ziemt,

Nicht sollt uns Mangel drücken, weiß ich doch, es kommt
Von ferne her kein Freund, den Armut nicht erschreckt.
War gar so falsch nun, der Entschluß, den ich gefaßt?
Das glaubst du nur, weil dich mein neuer Ehbund schmerzt.
So seid ihr Fraun; geht alles seinen richt'gen Weg,
Meint ihr, es stehe unerschüttert euer Glück;
Doch streift die Eh' ein Hauch von Unheil nur, gleich fühlt
Ihr euch vom Besten und vom Edelsten verfolgt.
Kämen die Kinder doch auf andre Art zur Welt,
Und gar nichts wüßten wir vom weiblichen Geschlecht!
Es bliebe manches Leid dem Menschen dann erspart.«
(ebda., 560 ff.)

Nach diesem antifeministischen Rundumschlag sieht Medeia ein, daß es Zeitverschwendung ist, mit Iason zu reden. Und so ändert sie ihre Taktik: Sie gibt sich resigniert, ja sogar reuig.

»Ich wollt' dich bitten, Iason – was ich vorhin sprach,
Trag's mir nicht nach! Lang waren wir einander gut;
Sei deshalb wegen einer Laune nicht zu streng!

Ob meiner Reden nehm ich selbst mich ins Ge-
richt;
Ich schelt' mich, sag: »Was ficht, du Böse, dich
nur an?
Haderst mit denen, die voll guter Absicht sind;
Machst dich dem Königshaus verhaßt und dem
Gemahl.
Er aber tut nur, was zu deinem Besten dient,
Wenn er die Fürstin freit, den Kindern Brüder
schenkt.«
Allein wir Frauen sind nun einmal, wie wir sind,
Und ändern's nicht. Gleich' du mir nicht an
Schlechtigkeit
Und lohn' mit neuer Torheit meiner Torheit
nicht!«
(ebda., 869 ff.)

Und um ihren Sinneswandel unter Beweis zu stellen, schenkt Medeia ihrer Nachfolgerin Glauke ein wunderschönes Gewand und eine goldene Krone. Besonders das Gewand ist unvergleichlich. Es strahlt und funkelt, als wäre es aus reinstem Gold gewebt. Iason ist begeistert, und Medeia erzählt ihm stolz, das Kleid habe zu ihrer Brautausstattung gehört und sei ein Geschenk vom Vater ihres Vaters, also von der Sonne persönlich.

Die junge Braut will das Kleid natürlich sofort anprobieren, doch findet sie nicht einmal mehr die Zeit, sich im Spiegel anzuschauen, denn sowohl das edle Gewand als auch die Krone gehen sofort in Flammen auf. Die tückische Zauberin Medeia hat die Sachen in eine leicht entflammbare Flüssigkeit getaucht, die nichts auf der Welt zu löschen vermag. Auch Glaukes verzweifelter Versuch, sich das Kleid vom Leibe zu reißen, ist vergeblich; Körper und Gewebe sind zusammengewachsen. Als Kreon ihr zu Hilfe kommen will, wird auch er von den Flammen gepackt. Nicht lange, und alle Anwesenden im Thronsaal hat das gleiche Schicksal ereilt. Nur Iason kann sich mit einem Sprung aus dem Fenster retten. Wahnsinnig vor Schmerz stürmt Glauke aus dem Palast und stürzt sich in den erstbesten Brunnen, doch auch im Wasser brennt das Gewand weiter. In seinen *Reisen in Griechenland* erzählt uns Pausanias von diesem Brunnen.

Geht man vom Markt einen anderen Weg, den nach Sikyon, kann man rechts vom Weg einen Tempel mit einem Bronzebild des Apollon sehen, und etwas weiter links erkennt man, halb versteckt, den sogenannten Brunnen der Glauke. So genannt, weil sie sich, wie man erzählt, dort hineinstürzte, da sie glaubte, das Wasser sei ein Heilmittel gegen das Gift der Medeia. Noch etwas weiter liegt das Grabmal der Kinder der Medeia. Ihre Namen sind Mermeros und Pheres.
(vgl. Pausanias, *Reisen in Griechenland*, II, 3, 6)

Noch ist die Tragödie nicht zu Ende. Auch für Iason muß es eine Strafe geben. Und jene, die sich Medeia für ihn ausgedacht hat, ist ein gutes Beispiel dafür, zu was ein von leidenschaftlichem Haß beseelter Mensch fähig ist. Ja, grausam aber wahr, Medeia tötet ihre eigenen Kinder! Die Szene, als sie zum letzten Mal mit ihren Kindern zusammen ist, bevor sie die als Rache an ihrem untreuen Gatten gedachte Tat ausführt, gehört zu den dramatischsten der Theatergeschichte. Medeia spricht zu ihnen:

»(...) Kommt, schenkt,
Der Mutter schenkt die rechte Hand zum letzten
Gruß!
O allerliebste Hand, o allerliebstes Haupt,
O liebliche Gestalt, o edles Angesicht!
Seid glücklich in der untern Welt, denn diese
nahm
der Vater euch. Umarmt mich! – Welche Selig-
keit!«
(Euripides, *Medeia*, 1071 ff.)

Doch so sicher ist sich Medeia ihrer Sache nicht. Ihr Herz ist zerrissen zwischen der Liebe zu ihren Kindern und dem Haß auf Iason.

»Nein, nein, ich bitt' euch Kinder, seht mich nicht
so an
Und lacht nicht so, als lachtet ihr zum letzten Mal!
O Graun, was soll ich tun? Mir schwindet all
mein Mut,
Wenn mir der Kleinen Angesicht entgegenstrahlt.
Nein ich vermag's nicht. Halt ein, halt ein,
Und schreite nimmermehr, mein Herz, zu solcher
Tat.«
(ebda., 1040 ff.)

Doch dem Chor, der ihr wegen ihres Plans Vorhaltungen macht, antwortet sie:

>*Allein der Feinde Spott ertragen, kann ich nicht.*
Sei's denn! Was leb' ich noch? Ich hab kein Vaterland,
Hab keine Heimat; unabwendbar ist mein Leid.
Wie ward ich schuldig, als ich von dem Griechen mich
Beschwatzen ließ und ging aus meiner Väter Haus!
Doch mit der Götter Hilfe büßet er mir heut'!
Er wird die Knaben, die ich ihm gebar, fortan
Lebend nie mehr erblicken.«
(ebda., 785 ff.)

Als Iason dann erfährt, daß Medeia nicht nur Glauke, sondern auch ihre eigenen Kinder getötet hat, stürzt er mit dem Schwert in der Hand zum Haus der Wahnsinnigen. Er bebt vor Zorn:

>*Die Pflöcke los, die Riegel! Diener, sputet euch,*
Daß ich das Unheil schau' in zwiefacher Gestalt,
Die Toten und die Frau, die mit dem Tod mir büßt!
(ebda., 1314 ff.)

Und als er gleich darauf Medeia erblickt:

>*Du Schreckensweib, den Göttern wen'ger nicht als mir,*

Ja, allen Menschen so verhaßt wie keines sonst.
Du hast vermocht, das Schwert ins Herz des
eignen Bluts
Zu stoßen, und mich, den Vater, kinderlos zu
machen.
Als ich der Fremde, deiner Heimat, dich entführt'
Und dich Verruchte mitnahm in ein griechisch
Haus,
Wiewohl du gleich den Vater und dein Land ver-
rietst,
Schlugst du, noch ehe du das schöngeschweifte
Schiff
Bestiegst, den eignen Bruder tot.
Das war des Unheils Anfang. Darauf hast du dich
Mir anverlobt und Kinder mir geschenkt; doch nur
Um sie zu morden, weil ich dir nicht mehr gefiel.
So Furchtbares hätt' kein hellenisch Weib ge-
wagt.«
(ebda., 1314 ff.)

Und Medeia antwortet:

»Mich peinigt's nicht, ich habe meinen Schlag
geführt.«
(ebda., 1314 ff.)

Iason:

»Und trauerst doch und trägst dasselbe Leid wie
ich.«
(ebda., 1314 ff.)

Medeia hat kein Problem, das zuzugeben, aber ...

> *»Allein den Hohn verdarb ich dir. Das tröstet*
> *mich.«*
> (alles ebda., 1314 ff.)

Da hebt Iason das Schwert, um die Mörderin zu durchbohren, doch ein von geflügelten Schlangen gezogener Wagen, den Medeias Großvater, die Sonne, geschickt hat, nimmt Medeia auf und verschwindet mit ihr in den Wolken.

Als ich damals als Junge bei der Theateraufführung von *Medeia* mitmachen durfte, war es ein Krahn, der die Mörderin in die Lüfte hob. Und das hat mich mehr beeindruckt als alles andere.

VI

Die Geburt des Herakles

Zeus war vollkommen verrückt nach Alkmene, einer Enkelin des Helden Perseus, doch die ließ ihn immer wieder abblitzen. Alkmene war nämlich ein Muster an Tugend und hätte nie im Leben ihren Gatten betrogen, auch nicht mit einem Gott. Auch als Hermes ihr erklärte, daß es sich nicht um irgendeinen Gott handele, sondern um den Chef persönlich, fühlte sie sich zwar geschmeichelt, lehnte aber dennoch ab, indem sie den Blick senkte und mit kaum vernehmlicher Stimme sagte: »Vielen Dank, ich fühle mich sehr geehrt. Doch Amphitryon ist mir lieber als alle Götter des Olymps.«

Genaugenommen teilte Alkmene aber noch nicht einmal mit ihrem Gemahl das Lager, und das aus folgendem Grund: Ihr Herz war zu sehr eingenommen vom Haß auf Pterelaos, den Mann, der ihr, als sie noch ein junges Mädchen war, sage und schreibe sieben Brüder getötet hatte.

Doch wer war dieser Pterelaos? Er war König von Taphos, einem dem griechischen Festland im Westen ungefähr auf der Höhe von Arkananien vorgelagerten Inselchen. Und er war der Anführer einer Gruppe von

Teleboern – der »weithin Schreienden« –, die in einem Krieg, dem wie so häufig damals ein Viehdiebstahl vorausgegangen war, die sieben Brüder von Alkmene niedergemacht hatten.

Als nun Amphitryon, der König von Theben, um die Jungfrau Alkmene freite, willigte diese nur unter der Bedingung in eine Heirat ein, daß er ihre Brüder rächen und den Pterelaos töten müsse. Und um ganz sicherzugehen, ließ sie in den Ehevertrag einen Passus aufnehmen, der besagte, daß sie die Ehe erst vollziehen werde, wenn Amphitryon die Sache mit Pterelaos geregelt hatte. Nun war es für Amphitryon jedoch kein Kinderspiel, Pterelaos zu besiegen, hatte dieser König – oder besser gesagt, Bandenchef – von Poseidon doch die Gabe der Unbesiegbarkeit erhalten. Allerdings nur, solange er ein goldenes Haar nicht verlor.

Was es nun mit diesem goldenen Haar auf sich hatte, wird nirgendwo genau geklärt, aber solch bizarre Details machen eben auch den Reiz der griechischen Mythologie aus. Doch egal, jedenfalls ließ Amphitryon Pterelaos dieses Haar im Schlaf abschneiden. Dann stellte er den taphischen König auf dem Schlachtfeld und besiegte und tötete ihn. Jetzt brauchte er nichts mehr weiter zu tun, als nach Hause zurückzukehren und sich an dem versprochenen Lohn zu erfreuen. Als Beweis seines Triumphes hatte er dem Besiegten zuvor noch einen goldenen Kelch abgenommen.

Diese Situation gedachte sich nun Zeus zunutze zu machen. Während Amphitryon gerade noch die letzten Teleboer auslöschte, nahm er kurzerhand Amphitryons Gestalt an und erschien in Alkmenes Schlafzimmer. »Hier bin ich, Geliebte«, sagte er, »umarme mich! Deine Feinde sind alle vernichtet!«

Und um nicht im schönsten Augenblick vom rechtmäßigen Gemahl überrascht zu werden, hielt er den Lauf des Mondes am Himmel an, ließ die Pferde vom Zeitwagen der Horen ausspannen und befahl Morpheus, die Gehirne der Menschen so einzustellen, daß sie drei Tage und drei Nächte durchschliefen. Als darauf dann der echte Amphitryon heimkehrte, entspann sich zwischen den Eheleuten ungefähr folgender Dialog:

»O meine süße Geliebte, komm in meine sich sehnenden Arme«, sagte er, indem er sie auf das noch aufgewühlte Bett zu ziehen versuchte. »Mein Verlangen nach dir ist so stark, daß ich es nicht in Worte zu fassen vermag.«

»Von welchem Verlangen sprichst du?« fragte Alkmene verwundert. »Du willst doch nicht etwa schon wieder?«

»Was heißt ›schon wieder‹?!« rief Amphitryon noch verwunderter aus.

»Das heißt, daß ich einfach nicht mehr kann. Ich bin zu erschöpft.«

»Du erschöpft? Was soll ich da erst sagen!« stieß ihr Gemahl hervor. »In der Schlacht war ich plötzlich von sechs mit schweren Lanzen bewaffneten Teleboern umringt, und da mußte ich…«

»Was soll das? Willst du mir das alles noch einmal erzählen?«

Nun wurde Amphitryon klar, daß ihm jemand zuvorgekommen sein mußte, und durch den Blitz, der – welch ein Zufall! – gerade niederging, als er mit Alkmene sprach, verstand er auch, wer dieser Jemand war.

Diese Verwechslungsgeschichte in Alkmenes Bett hat verschiedene Dichter zu Stücken angeregt, die zu den besten des Theaters überhaupt zählen. Und zwar Plautus, Molière und Kleist. In Plautus' *Amphitryon* treten zwei Doppelgängerpaare auf: Auf der einen Seite Amphitryon und Zeus, auf der anderen deren treue Diener, also der Sklave Sosias und der Götterbote Hermes, der zu dieser Gelegenheit die Gestalt von Sosias angenommen hatte. Da es sich bei Plautus um einen römischen Dichter handelt, erscheint im nachfolgenden Dialog Hermes stets unter seinem lateinischen Namen, also Merkur.

Um nicht gestört zu werden, hat Zeus Merkur als Wache vor Alkmenes Haustür gestellt. Im Hintergrund taucht nun aber der echte Sosias mit einer Laterne in der Hand auf, um Alkmene vom Sieg seines Herrn über Pterelaos zu berichten.

»Hol's der Henker, was da los ist! Wenn nicht all und jedes trügt,
Hat die Nacht zuviel getrunken, daß sie noch im Bette liegt!
Weder Bär noch sonst ein Zeichen rückt und wankt heut' von der Stelle.
Selbst der Mond vergaß zu sinken, leuchtet noch in gleicher Helle!
Alle zähl' ich noch am Himmel: Stier, Orion, Venus, Waage –

*Unbeweglich stehn die Sterne, und die Nacht
weicht nicht dem Tage!
Eins ist klar, die Sonne schläft noch. Nun, das
kann ich ihr verzeihn:
Sicher schaute sie beim Nachtmahl allzu tief ins
Glas hinein.
Und wo sind die Kavaliere, die am hellen Tage
schlafen?
Für ein Liebesabenteuer ist die heut'ge Nacht
geschaffen!«*

(Plautus, *Amphitryon*, 190 ff.)

Um sich Mut zu machen, redet der Sklave laut vor sich hin. Die Nacht ist finster, und er fürchtet, daß ihn jemand überfallen könnte. Da erblickt er plötzlich Merkur vor Amphitryons Haus und bleibt erschrokken stehen, denn schon von weitem ist ihm diese Gestalt irgendwie unheimlich. *Non placet*, murmelt er und geht vorsichtig auf den Unbekannten zu. Und kaum hat dieser Sosias erblickt, verpaßt er dem armen Kerl, wie befürchtet, gleich mal eine Tracht Prügel. Was Sosias aber noch mehr erschreckt, ist die Tatsache, daß der Gauner ihm auch noch täuschend ähnlich sieht. Dieser fährt ihn jetzt an:

MERKUR: *Wer bist du, Mensch?*
SOSIAS: *Wer kennt in Theben nicht Sosias, des Davus
wackren Sohn?*
MERKUR: *Du wagst es, frecher Kerl, dir meinen Namen
Sosias auszuborgen?*
SOSIAS: *Du wärest...*

MERKUR: *Sosias.*

SOSIAS: *Ich bin des Todes!*

MERKUR: *Das bist du sicher, wenn du weiter lügst. Wie heißt dein Herr?*

SOSIAS: *Amphitryon. Und ich bin Sosias.*

MERKUR: *Die Lüge langt, dir durch und durch den Rücken zu verbleun. Denn ich bin Sosias, nicht du!*

SOSIAS: *Gäb's Gott: Dann kriegtest du die Prügel jetzt, nicht ich!*

MERKUR: *Du muckst?*

SOSIAS: *Ich bin schon still.*

MERKUR: *Wie heißt dein Herr?*

SOSIAS: *Wie's dir beliebt.*

MERKUR: *Na also. Und du selbst?*

SOSIAS: *Wie du befiehlst, so heiß' ich.*

MERKUR: *Sagtest du nicht eben noch, du wärest Sosias?*

(ebda., I, 245 ff.)

Wie wir sehen, macht sich Merkur einen Spaß daraus, den armen Sosias in heillose Verwirrung zu stürzen, und es ist fast rührend mitzuerleben, wie der Diener nach und nach selbst zu der Überzeugung gelangt, tatsächlich nicht Sosias zu sein. Als dann schließlich Alkmene ihrem Gatten als Beweis den goldenen Kelch des falschen Amphitryon zeigt, erklärt Sosias nur resigniert an seinen Herrn gewandt:

»*Ich heckte einen zweiten Sosias,
Du hecktest drauf Amphitryon den zweiten;*

heckt jetzt der Becher einen Zwillingsbecher,
So haben wir uns allesamt verdoppelt.
(ebda, III, 175 ff.)

Neun Monate später kommen Zwillinge zur Welt:
Herakles und Iphikles. Ersterer ist ein Sohn des Zeus,
letzterer der von Amphitryon. Herakles wurde übrigens auch *Triselenos*, also Sohn des dreifachen Mondes genannt. Wir wissen, warum.

Diodorus zufolge war Zeus bei diesem Seiten-
sprung ausnahmsweise mal nicht von seinem fleisch-
lichen Verlangen getrieben worden, sondern von dem
Wunsch, einen außerordentlich starken Sohn zu zeugen. Hören wir, was der sizilianische Historiker dazu
schreibt:

Als sich Zeus nämlich der Alkmene nahte, verdrei-
fachte er die Dauer der Nacht und zeigte schon
durch die Länge der Zeit, die er auf des Sohnes Er-
zeugung verwendete, dessen überaus große Stärke
im voraus an. Auch soll er überhaupt die Umar-
mung nicht aus Liebeslust begehrt haben, wie bei
den anderen Weibern, sondern mehr, um einen
Sohn zu zeugen.
(vgl. Diodorus Siculus, *Geschichtsbibliothek*, IV, 9)

Das würde auch erklären, warum drei Nächte not-
wendig waren, um Herakles zu zeugen. Übrigens war
Zeus, schon bevor dieser geboren wurde, so stolz, daß
er allen die Geburt schon einen Tag im voraus ver-
kündete. Den Göttern, die in der Versammlung zu-

sammensaßen, erklärte er: »Das nächste aus dem Haus des Perseus geborene Kind wird über die Argiver herrschen!«

Woraufhin Hera, eifersüchtig wie immer, die notwendigen Vorkehrungen traf, damit das Kind ihres Gatten nicht der nächste Nachkomme des Perseus wurde.

Sie verließ den Gipfel des Olymps und eilte ungestüm nach Argos, wo sie die edle Gattin des Sthenelos, Perseus Sohn, kannte, die im siebten Monat schwanger war. Sie zog dort das Knäblein ans Licht, unzeitig zwar noch, und hemmte dann der Alkmene Geburt, indem sie die Eileithyien aufhielt.

(vgl. Homer, *Ilias*, XIX, 114 ff.)

Nun muß man wissen, daß Eileithyien die Göttin der Geburt war. Und da Hera sie nicht zu Alkmene ließ – sie verwickelte sie auf der Türschwelle in ein Gespräch – konnte in der Zwischenzeit das Siebenmonatskind von Sthenelos Gattin Nikippe geboren werden, wie Herakles ein Nachkomme des Perseus. Und dies war Eurystheus, ein Mensch von eigentlich unbedeutendem, manchmal sogar etwas feigem Charakter, der jedoch durch Zeus unvorsichtige Ankündigung dazu bestimmt war, über alle Argiver zu herrschen. Herakles eingeschlossen.

Als Zeus feststellte, daß Hera ihn reingelegt hatte, bekam er verständlicherweise einen Tobsuchtsanfall. Er drohte sogar damit, Hera zu verstoßen oder selbst den Olymp für immer zu verlassen. Schließlich konnte dank Hermes' diplomatischem Geschick ein Kompromiß gefunden werden: Hera durfte bleiben, dafür sollte aber Herakles ein Gott werden, allerdings erst, nachdem er die zwölf Arbeiten des Eurystheus erledigt haben würde.

Zum Hintergrund dieser zwölf Arbeiten gibt es jedoch auch eine abweichende Version. Danach soll Herakles, wieder durch Heras Schuld, eines Tages den Verstand verloren und sechs seiner eigenen Kinder sowie zwei kleine Neffen, die zufällig in der Nähe waren, umgebracht haben. Als er wieder zur Besinnung kam, schloß er sich viele Tage in einem dunklen Zimmer ein und vermied jeden Umgang mit Menschen. Nachdem König Thespios ihn reingewaschen hatte, wanderte er dann zum Orakel von Delphi, um zu erfahren, was er weiter tun sollte. Hier gab ihm Pythia den Rat, nach Tiryns zu gehen und dort dem Eurystheus zwölf Jahre lang zu dienen. Wieder eine andere Geschichte besagt, Herakles sei der Geliebte von Eurystheus gewesen und habe die zwölf Herkulestaten nur aus Liebe zu diesem erledigt. Diese Version erscheint uns aber nur eines Skandalblatts würdig, weswegen wir sie hier auch mit aller Entschiedenheit verwerfen.

Egal jedoch, welchen Hintergrund die zwölf Arbeiten tatsächlich hatten, es bleibt die Tatsache, daß Hera den Herakles bis auf den Tod haßte. Für sie war dieser Superman der Antike das lebende Symbol für Zeus' permanente Untreue. Dennoch hatte sie Herakles einmal, als er noch ein Säugling war, an ihrer Brust trinken lassen.

Und das kam so. Als Amphitryon und Alkmene klar wurde, welch übles Spiel der Göttervater da mit ihnen gespielt hatte, begannen sie, Heras Rache zu fürchten. Um kein Risiko einzugehen, setzten sie den kleinen Herakles auf einem Acker außerhalb von Thebens Mauern aus. Gefunden wurde er von Hera und Athene, die zufällig (oder auf Anraten von Zeus?) dort spazierengingen. Als Athene das Kind erblickte, rief sie an ihre Kollegin gewandt: »Schau dir das an! Wie kann eine Mutter nur solch ein schönes Kind aussetzen?«

Auch Hera war gerührt, entblößte ihre Brust und legte den Säugling an. Nur war aber Herakles verständlicherweise dermaßen ausgehungert, daß er in seiner Gier Hera fest in den Busen biß. Sie schrie auf und warf das Kind in hohem Bogen fort. Die Milch, die dabei aus ihrer Brust schoß, spritzte bis in den Himmel. So entstand die Milchstraße. Athene aber hob den Kleinen auf, brachte ihn zu Alkmene zurück und zwang sie, Herakles zusammen mit seinem Zwillingsbruder weiter zu stillen. Zehn Monate später schickte Hera dann, vollkommen immun gegen den Liebreiz des Kleinen, zwei Giftschlangen aus, die die Zwillingsbrüder im Schlaf töten sollten. Wie jedes normale Kind war Iphikles zu Tode erschrocken und fing furchtbar an zu weinen. Herakles jedoch packte die Reptilien wie ein neues Spielzeug und drehte ihnen die Luft ab, jeder mit einer Hand, und zeigte sie dann stolz seinem Vater, der durch Iphikles' Geschrei alarmiert ins Kinderzimmer gestürzt war. Theokrit widmet dieser Szene eine seiner *Idyllen*.

108

Einst, als Herakles erst zehn Monde zählte, da
wusch ihn
Und versah ihn mit Milch, samt seinem eine
Nacht jüngeren Bruder Iphikles, Alkmene aus
Mídea. Beide
Legte sie dann auf den ehernen Schild, den
Amphitryon, schönes
Waffenstück, nachdem Pterelaos gefallen, er-
beutet.
Und den Kopf ihrer Kinder liebkoste die Frau mit
den Worten:
»Schlaft, meine Kleinen, nun schlaft, den süßen,
den Schlaf zum Erwachen.
Meine Herzchen, ihr Kinder, schlaft wohlbehalten,
ihr Brüder.
Glücklich möget ihr ruhn und glücklich zum
Morgen gelangen.«
Sprachs und wiegte den großen Schild. Und
Schlummer befiel sie.
Mitternachts aber, zur Zeit, da der Bär sich zum
Untergang wendet,
Gegenüber Orion, der zeigt die mächtige Schul-
ter,
Hetzte Hera, reich an Erfindung, gräßliche
Monstren,
Ein paar Schlangen, die sich in schwärzlichen
Windungen sträubten,
Gegen die breite Schwelle, wo hohl die Pfosten der
Haustür.
Und sie hieß sie gestreng den kleinen Herakles
fressen.

109

*Beide wanden sich hin und wälzten am Boden die
Bäuche,
Gierig nach Blut. Es flammte vor ihren Augen ein
böses
Feuer, während sie nahten, und spieen gefähr-
liches Gift aus.
Als sie züngelnd jedoch den Knaben nahe gekom-
men,
Fuhren die lieben Kinder Alkmenes – denn alles
bemerkte
Zeus – vom Schlummer empor und verbreitete
Licht sich im Hause.
Auf schrie Iphikles gleich, als er die tückischen
Tiere
Über der Mulde des Schilds und die grausigen
Zähne erblickte,
Und er stieß mit den Füßen die wollige Decke bei-
seite
Und gedachte zu fliehn. Doch Herakles, beiden
entgegen,
Packte mit den Händen sie an, umschloß sie mit
würgendem Ring und
Hielt an der Gurgel sie fest, wo die bösen Rep-
tilien ihre
tödlichen Gifte führen, die selbst den Göttern ver-
haßt sind.*
(Theokrit, *Idyllen,* XXIV)

Und Diodorus stellt heraus, daß es ausgerechnet Hera
war, die Herakles mit ihrem Anschlag schon von Kin-
desbeinen an berühmt machte.

110

Deshalb aber nannten die Argiver, als sie die
Sache erfuhren, den Knaben Herakles, weil er
durch Hera Ruhm (Kleos) erlangt hatte.
(vgl. Diodorus Siculus, *Geschichtsbibliothek,*
IV, 10)

VII

Die zwölf Arbeiten

Doch wie groß war Herakles nun eigentlich? Pythagoras hat sich seine Gedanken darüber gemacht und ist zu folgendem Ergebnis gekommen: Man hatte ihm gesagt, daß der Held mit nur zweihundert Schritten das gesamte Stadion von Olympia der Länge nach durchmessen habe, wobei die Länge der Laufbahn sechshundert Fuß betrug. Also konnte der Schritt des Riesen nicht weniger als neunzig Zentimeter betragen, und daraus folgend seine Körperlänge mindestens vier Ellen und ein Fuß, also zwei Meter und sechs Zentimeter. Dennoch mußte dieser mächtige Kerl mit dem imponierenden Körperbau fast sein ganzes Leben lang für einen mittelmäßigen Typ wie Eurystheus arbeiten, und dies nur, um sich die Sporen eines Gottes mit der dazugehörigen Unsterblichkeit zu verdienen.

Genauer betrachtet, waren die berühmten zwölf Arbeiten des Herakles nicht alle besonders erwähnenswert. Meist ging es darum, irgendein Ungeheuer, das in der Umgebung Angst und Schrecken verbreitete, zur Strecke zu bringen. Also alles wie gehabt: Die

Reichen wußten nicht, wie sie die langen Winter-abende herumbringen sollten, und ihre Aöden mach-ten sich das zunutze, um wieder und wieder die alten Leiern vorzutragen, aus denen der Held zum Schluß unvermeidlich als Sieger hervorging. Aus Rücksicht-nahme auf den Leser werden daher hier die das Be-kämpfen von Ungeheuern betreffenden Herkules-arbeiten knapper zusammengefaßt, um dafür etwas länger bei den Augeiasställen, dem Gürtel der Hippo-lyte und den Äpfeln der Hesperiden zu verweilen.

Die Ungeheuer

In der Reihe »Zu vernichtende Ungeheuer« traten auf: der Löwe von Nemea, die Hydra von Lerna, die Hirschkuh von Keryneia, der Eber von Erymanthos, die Vögel vom Stymphalossee, der Stier von Kreta, die Rosse des Diomedes, das Vieh des Geryoneus und der Höllenhund Kerberos, der uns schon bei der Ge-schichte von Orpheus begegnet ist.

Beginnen wir also beim Löwen von Nemea: Die Tat-sache, daß Löwen in den Mythen so häufig eine Rolle spielen, verleitet mich zu der Annahme, daß diese Raubtiere damals in Griechenland ziemlich weit ver-breitet waren. Wie wäre es sonst zu erklären – Zoos und Tierkunden, durch die man sich hätte informieren können, gab es noch nicht –, daß die Autoren alle mit solchem Kenntnisreichtum vom Löwen berichten? Nun war dem Nemeischen Löwen aber nicht nur der sprichwörtliche Blutdurst des Raubtiers eigen, sondern er besaß auch ein Fell, das ihn gegen jedwede Hieb- oder Stichwaffe unverwundbar machte. Wie konnte Herakles ihn dann besiegen? Hören wir dazu Apollodor:

Nachdem er in Nemea angelangt war und den Löwen entdeckt hatte, schoß er zuerst mit Pfeilen nach ihm; da er aber merkte, daß derselbe unverwundbar sei, verfolgte er ihn mit erhobener Keule, bis der Löwe in eine nach beiden Seiten offene Höhle sich flüchtete. Nun verrammelte Herakles die eine Öffnung, rückte durch die andere dem Tiere zu Leibe, schlang den Arm um seinen Nacken, schnürte ihm die Kehle zu und hielt es fest, bis es erstickte.
(vgl. Apollodor, *Mythologische Bibliothek*, II, 5, 1)

Diese erste Arbeit wurde Herakles reichlich belohnt, und zwar durch das herrliche Löwenfell, das er von nun an als kugelsichere Weste und Dienstuniform trug.

Die Tötung der Hydra von Lerna warf im wesentlichen zwei Probleme auf: Wie dem gefährlichen Atem des Ungeheuers entgehen, der jedes Lebewesen auf eine Distanz von hundert Metern tötete, und wie unter ihren neun Köpfen (manche sprechen auch von hundert oder sogar zehntausend) den einzigen finden, der verwundbar war? Die anderen wuchsen nämlich, sobald sie abgetrennt wurden, auf der Stelle wieder nach, zahlreicher noch als zuvor. Mit Hilfe eines Freundes, eines gewissen Iolaos, der die Stümpfe

114

der Häupter, die Herakles abschlug, mit brennenden Ästen versengte und so verschloß, gelang es dem Helden schließlich, die entscheidende Enthauptung auszuführen. Und das Problem mit dem tödlichen Atem der Hydra lösten Herakles und Iolaos, indem sie den gesamten Kampf unter Wasser verlegten.

Die mühevollste der zwölf Heraklesarbeiten war zweifellos die dritte, also jene mit der Hirschkuh von Keryneia, die goldene Hörner besaß. Ein Jahr lang verfolgte Herakles sie durch halb Europa. Die Schwierigkeit war nämlich, daß er das Tier nicht töten durfte, weil es der rachsüchtigen Artemis geweiht war. Da die Hirschkuh aber obendrein noch so außerordentlich schnell war, konnte er sie auch nicht fangen, und so kam Herakles schließlich auf die Idee, sie an einem Bein zu verletzen, ohne dabei jedoch eine Sehne zu durchtrennen oder einen Knochen zu brechen.

Durch Arkadien wandernd, mit der Hirschkuh auf den Schultern, begegnete ihm Artemis und schalt auf ihn ein, daß er das ihr geheiligte Tier habe töten wollen. Er schützte jedoch die Notwendigkeit vor und schob alle Schuld auf Eurystheus und besänftigte so die Göttin.
(vgl. ebda., II, 5, 3)

Von dem Erymantischen Eber wissen wir eigentlich nur, daß er ungeheuer wild und riesig war. Nachdem Herakles ihn erlegt hatte, legte er sich ihn wie eine Nerzstola über die Schultern.

Über die Stymphalischen Vögel gibt es schon mehr

zu erzählen. Sie waren so groß wie Kraniche und in der Lage, mit ihren Schnäbeln eine Rüstung von einem Zentimeter Dicke zu durchschlagen. Bis auf einige Schwanzfedern war alles an ihnen aus Bronze (Schnäbel, Flügel, Krallen). Ihr Tagesablauf sah vor, jeden, der sich den stymphalischen Sümpfen näherte, sofort anzugreifen und zu töten, sowie das Land dort so großflächig zuzukacken, daß weit und breit kein Halm mehr wachsen konnte. Als Herakles feststellte, daß er nicht genug Pfeile für alle Vögel hatte, löste er das Problem folgendermaßen: Er kletterte auf eine Anhöhe und machte mit einem Paar bronzener Kastagnetten, die Hephaistos ihm geschenkt hatte, solch einen Lärm, daß die Vögel einen furchtbaren Schreck bekamen.

Sie hielten das Getöse nicht aus, flogen furchtsam auf, und so gelang es Herakles, sie mit Pfeilen zu erledigen.
(ebda., II, 5, 6)

Nun war der Kretische Stier an der Reihe. Dabei ist es nicht so ganz klar, mit wem wir es hier eigentlich zu tun haben: mit einem beliebigen, besonders wilden Stier oder mit dem Vater des Minotaurus höchstpersönlich, jenem Tier also, das einst Pasiphaë schwängerte (s. Kapitel zum Minotaurus). Doch wie auch immer, jedenfalls fing Herakles den wilden Stier lebend und brachte ihn nach Griechenland, um ihn dort Hera zu schenken. Die Göttin hatte allerdings ihren Haß auf den Helden noch nicht vergessen und ließ das Tier frei.

Und so wären wir nun schon bei den auch als *Kannibalenstuten* bekannten Rossen des Diomedes angelangt. Dieser Diomedes (nicht zu verwechseln mit dem gleichnamigen Helden der *Ilias*) besaß vier *wilde Stuten, die sich von Menschenfleisch nährten* (Appolodor, II, 5, 8), was ihren Besitzer dazu zwang, häufiger Gäste zum Abendessen einzuladen, um sie dann an die Bestien zu verfüttern. Wenn Diomedes also zu jemandem sagte: »Hast du Lust, heute abend zum Essen zu kommen?« dachte er dabei in erster Linie ans Abendessen für seine Stuten. Da lag es für Herakles nahe, dem Bösewicht als Strafe das gleiche traurige Ende wie dessen Gästen zu bescheren – sehr zur Freude der Stuten übrigens. Und als deren Hunger dann endlich gestillt war, konnte Herakles die Tiere mühelos bändigen.

Eine seiner letzten Arbeiten, die zehnte nämlich, brachte Herakles nach Spanien. Zweck der Reise: die Viehherde des Geryon einzufangen, eines Riesen mit drei Köpfen, sechs Armen und drei Rümpfen, die in der Höhe der Taille wie mächtige Äste aus einem Baumstamm hochwuchsen. Das Unternehmen gestaltete sich nicht ganz einfach, noch nicht einmal für ein »Arbeitstier« wie Herakles. Denn da gab es auch noch einen ebenfalls nicht schlecht gebauten Hirten namens Eurythion, der auf das Vieh aufpaßte, und einen zweiköpfigen Hirtenhund, der auf den Namen Othros hörte. Doch wie wir mittlerweile wissen, war Herakles nicht der Typ, der sich wegen solcher Kleinigkeiten aus der Ruhe bringen ließ. Mit sechs Keulenhieben (je einem für jeden Kopf, der sich ihm entgegenstellte)

tötete er Geryon, Eurythion und Othros und trieb
dann wie ein ganz gewöhnlicher Viehdieb die ganze
Herde fort, und zwar durch halb Europa bis zum
Schwarzen Meer. Auf dem Weg dorthin errichtete er
genau an der Einfahrt zur Straße von Gibraltar zwei
mächtige Säulen, die später folgerichtig »Herkules-
säulen« genannt wurden und dazu dienen sollten,
jene von der menschlichen Rasse unüberschreitbare
Grenze zu markieren.

Abgeschlossen wird unsere kleine Monsterparade
durch den Hund Kerberos, jene dreiköpfige Bestie
also, die vor dem Eingang zum Totenreich wachte.
Auch hier verlief das Abenteuer nach dem bekannten
Schema: Zweikampf mit dem Biest und K.-o.-Sieg
durch Herakles, der den jaulenden Kerberos in Ketten
fortschleifte. Im Verlauf dieses Abstechers in die Unterwelt hatte der Held noch Gelegenheit, seinem
Freund Theseus einen Gefallen zu tun, der sich mit
seinem Kollegen Peirithoos in ernsthafte Schwierigkeiten gebracht hatte. Und zwar waren die beiden bei
dem Versuch, Persephone, die Königin der Unterwelt,
zu entführen, von deren Gatten ausgetrickst worden
und auf steinernen Sesseln festgewachsen, wo sie
eigentlich auch bis in alle Ewigkeit bleiben sollten.
Doch Herakles machte sich nun daran, sie von den
ungemütlichen Sitzgelegenheiten loszureißen. Er zog
mit aller Kraft, konnte aber nur Theseus befreien, der
beim Losreißen allerdings ein Stück seiner Pobacken
einbüßte (s. Kapitel über Theseus und Peirithoos).

Die Augeiasställe

Bei der bizarrsten der zwölf Arbeiten bekam Herakles
eine Aufgabe übertragen, für die wir uns heute an ein
Reinigungsunternehmen wenden würden. Und zwar
ging es darum, die Ställe des Augeias auszumisten und
auszuwaschen. In den Mythen wird erzählt, daß es aus
den Ställen dieses Königs von Elis so entsetzlich
stank, daß die ganze Peleponnes darunter zu leiden
hatte. Manchmal, wenn Boreas besonders heftig blies,
mußten sich sogar die Libyer in ihren Häusern ver-
rammeln, um sich vor dem Gestank aus dem Norden
zu schützen, bei dem es einem glatt den Magen um-
drehte. Außerdem hatte sich der Mist, den das Vieh
des Augeias produzierte, dermaßen angehäuft, daß
die Bauern in der ganzen Gegend kein Feld mehr pflü-
gen und einsäen konnten. Als der hinterlistige Eurystheus von diesem Problem erfuhr, lag es für ihn nahe,
Herakles mit der Lösung zu beauftragen. »Dieses
Mal«, so jubelte er, »bin ich ihn für mindestens fünf
Jahre los.« Er stellte sich schon schadenfroh vor, wie
Herakles angewidert den ganzen Mist der Peleponnes
in Körbe laden und auf seinen Schultern fortschaffen
mußte. Aber Eurystheus hatte die Rechnung ohne die
übermenschlichen Kräfte unseres Helden gemacht.
Der erledigte nämlich die Arbeit in einem einzigen
Tag, indem er kurzerhand den Lauf zweier Flüsse,
Alpheius und Peneis, so umleitete, daß deren Wasser
den Mist, der sich in zehn Jahren angesammelt hatte,
einfach wegspülte. Nebenbei hatte Herakles dann
noch Phaëton zu töten, den wildesten der zwölf

weißen Stiere, die Augeias als Viehhüter eingesetzt
hatte.

Der Gürtel der Hippolyte

An dieser Stelle ist nun ein kurzer Exkurs zu den Amazonen angebracht. Diese kriegerischen Frauen waren
keineswegs nur eine Ausgeburt dichterischer Phantasie, sondern haben, wie uns namhafte Historiker wie
Herodot und Pausanias bezeugen, tatsächlich gelebt.
Das Phänomen »Amazonen« läßt sich in groben Zügen folgendermaßen erklären: Wenn in Griechenland
ein Volk ein anderes besiegte, war es üblich, sämtliche
unterworfenen Männer einschließlich der Jungen zu
versklaven oder hinzurichten, um möglichen Vergel-
tungsmaßnahmen vorzubeugen. Nachdem die Männer wegfielen, war es an den jüngeren Frauen, die
Städte zu verteidigen. Ihre gegenüber den Männern
geringere Körpergröße sowie der vergleichsweise
kleine Wuchs der Pferde in jener Zeit hatte nun zur
Folge, daß diese kriegerischen Frauen als erste ohne
Sattel ritten. Ein Umstand, der Stoff für zahlreiche Le-
genden lieferte, in denen die Amazonen dann ähnlich
wie die Kentauren als halb Frauen, halb Pferde be-
schrieben wurden.

Bezüglich der Amazonen kannte die Phantasie der
Sänger keine Grenzen. Ihre erste Königin, die brutale
Lysippe, legte fest, daß sich die Männer um die Haus-
arbeit zu kümmern hatten und von jeglicher Macht
ausgeschlossen waren.

Sicherheitshalber ließ sie dann noch allen neugeborenen Jungen die Arme und Beine brechen, so daß sie niemals würden an einer Schlacht teilnehmen können. Keine Amazone durfte heiraten, wenn sie nicht zuvor zumindest einen Mann getötet hatte. Als ihre Heimat gilt allgemein Themiskyra an der Küste des kleinasiatischen Kappadokien. Allerdings wurden immer wieder auch zahlreiche andere Orte angegeben, so etwa Persien, das Gebiet nördlich des Schwarzen Meeres oder auch die Gegend zwischen dem Don und der Wolga. Ihre berühmtesten Königinnen waren Hippolyte, Myrina, Penthesilea und Melanippe.

Doch kehren wir nun zu Herakles und seinen Arbeiten zurück: Admete, eine der Töchter des Eurystheus, überkam eines Tages ein unwiderstehliches Verlangen, den berühmten Gürtel der Amazonenkönigin Hippolyte zu besitzen. »Papa«, rief sie quengelnd aus, »ohne diesen Gürtel kann ich nicht mehr leben.«

Natürlich packte Eurystheus die Gelegenheit beim Schopfe, um Herakles mit einer neuen Mission zu betrauen. Immerhin war dabei die Aussicht recht groß, daß der Held das Abenteuer nicht überlebte. Aber schon allein, ihn überhaupt weit weg zu wissen, wirkte beruhigend auf Eurystheus, der in der ständigen Angst lebte, von Herakles entthront zu werden. Folglich war er auch jedesmal derart enttäuscht, wenn der Held von einer getanen Arbeit zurückkehrte, daß er sich tagelang in ein bronzenes Faß zurückzog.

Also, wie lief das nun mit den Amazonen? Anfangs sehr gut, fast zu gut. Herakles stellte sich in der Hauptstadt der kriegerischen Frauen in Begleitung seiner getreuen Kameraden Theseus und Telamon als Gesandter Mykenes vor. Hippolyte empfing die Gäste nicht nur mit ausgesuchter Höflichkeit, sondern verliebte sich auch noch auf der Stelle in den gutgebauten Helden, so daß sie ihm ganz bestimmt den Gürtel geschenkt hätte. Doch...

... Hera nahm die Gestalt einer Amazone an und begab sich zu der Menge der Übrigen und sagte, die Königin solle von Fremdlingen, die angekommen seien, geraubt werden. Da rannten diese bewaffnet und zu Pferde gegen das Schiff an. Als Herakles dieselben bewaffnet sah, glaubte er darin eine Hinterlist zu entdecken, tötete die Hippolyte, nahm ihr den Gürtel ab und suchte eilig das Weite.
(vgl. Apollodor, *Mythologische Bibliothek*, II, 5, 9)

Der einzige, der die Ruhe behielt, war Theseus. Er fand noch Zeit, sich die schönste Amazone, Antiope nämlich, zu schnappen und mit nach Griechenland zu nehmen. Allerdings löste er mit dieser Tat einen blutigen Krieg zwischen Amazonen und Athenern aus, den die Griechen schließlich in einer Entscheidungsschlacht zu Füßen der Akropolis für sich entschieden. Doch dazu später mehr im Kapitel über Theseus.

Die Äpfel der Hesperiden

Seit der Erledigung der ersten Arbeit waren schon mehr als acht Jahre vergangen, als Eurystheus Herakles eines Tages den Auftrag gab, ihm ein paar Äpfel im Garten der Hesperiden zu pflücken. Das hört sich ziemlich unproblematisch an, doch barg auch diese Arbeit für den Helden einige Tücken.

Auch heute kann niemand so genau sagen, wo dieser wunderbare Garten eigentlich lag. Manche verlegen ihn zum Horn von Afrika, andere auf den Grund des Roten Meeres, wieder andere ins neblige Ungarn, nach Marokko oder an die Küste des Atlantischen Ozeans. Da in den Mythen in Zusammenhang mit diesem Garten aber häufig von der Sonne, die ins Meer eintauchend untergeht, gesprochen wird, halten wir hier die letzte Hypothese für am wahrscheinlichsten. Mit Sicherheit aber befand der Garten sich jenseits der damals bekannten Welt.

Der Apfelbaum war nun ein Hochzeitsgeschenk der Mutter Erde an Hera, und die Göttin hatte ihn in einen Garten pflanzen lassen, der ihr besonders teuer war. Die drei Hesperiden (Hespere, Aiglis und Erytheis) sowie einen flammenspuckenden Drachen namens Ladon, der Tag und Nacht unter dem Baum hockte, hatte sie zur Bewachung angestellt. Bekanntlicherweise haßte Hera Herakles ohnehin schon als lebenden Beweis der Untreue ihres Gatten Zeus. Was erst, wenn er nun auch noch ihre Äpfel stahl? Diese grundsätzliche Überlegung veranlaßte Herakles, zunächst einmal den Rat des weisen Seegottes Nereus zu suchen, der in der Nähe der Pomündung residierte.

»Was soll ich tun, o Nereus, um einerseits meinen Herrn zufriedenzustellen, andererseits aber auch die göttliche Hera nicht noch weiter zu reizen, die mich schon seit den Zeiten, als ich noch in der Wiege lag, mit ihrem Haß verfolgt?«

»Betritt niemals den Garten der Hesperiden!«

»Und wie soll ich dann an die Äpfel kommen?«

»Laß sie von jemand anderem pflücken!«

Aber wer sollte das für ihn tun? Zufällig wohnte aber nun in der Nähe des Gartens ein gewisser Atlas, der Gigant also, den die Götter seinerzeit dazu verurteilt hatten, das Himmelsgewölbe auf seinen Schultern zu tragen, und zwar als Strafe dafür, daß er sich am Aufstand der Titanen gegen die Olympier beteiligt hatte.

»Du, der du die Hesperiden besser als sonst jemand kennst«, sagte Herakles zu ihm, »könntest du so nett sein, mir ein paar Äpfel zu pflücken. Drei würden schon reichen.«

»Und wer soll den Himmel tragen, solange ich im Garten bin?«

»Das mache ich schon!« erwiderte Herakles.

»Gut, aber um ehrlich zu sein, ist mir dieser Drache, der den Baum bewacht, nicht ganz geheuer«, zierte sich Atlas immer noch.

»Sei unbesorgt«, beruhigte ihn der Held, »den übernehme ich.«

Gesagt, getan. Herakles kletterte auf die Umfassungsmauer des Gartens und erledigte Ladon mit einem gut gezielten Pfeil, ohne dabei einen Fuß in den Garten zu setzen. Hera war untröstlich und setzte Ladon später als das Bild der Schlange unter die Sterne am Himmel (Hyginus, *Poetische Astronomie*, II, 3).

Nachdem Atlas nun die Äpfel gepflückt hatte, versuchte er Herakles auszutricksen und sich aus dem Staub zu machen. Er hatte nämlich schon lange die Nase voll vom Tragen des Himmelsgewölbes, und so schien es ihm zu schön, um wahr zu sein, daß Herakles sich so bereitwillig, wenn auch zu einem anderen Zweck, erboten hatte, das Gewölbe für ihn zu halten.

»Paß mal auf«, sagte Atlas zu ihm, »am besten bringe ich selbst dem Eurystheus die Äpfel. Trage du solange den Himmel für mich.«

Doch Herakles war nicht auf den Kopf gefallen.

»Einverstanden«, sagte er, »ich muß ihn mir nur noch bequemer zurechtlegen. Nimm ihn doch noch mal einen Augenblick, dann kann ich mir ein Kissen auf die Schulter legen, damit er nicht so drückt.«

Als Atlas merkte, was da gespielt wurde, war Herakles schon mit den Äpfeln auf und davon.

Das waren also die zwölf Arbeiten des Herakles. Seltsam ist nur, daß so wenig von seiner dreizehnten Arbeit, jener mit den Töchtern von Thespios, bekannt ist, die eigentlich die alleranstrengendste war.

Thespios war der König von Thespiai, einem Städtchen nicht weit von Theben, dessen Einwohner mit der ständigen Bedrohung durch einen furchtbar wilden Löwen lebten.

»Wenn du diese Bestie erlegst, die seit Jahren unsere edelsten Tiere schlägt«, sagte Thespios eines Tages zu Herakles, »will ich dir meine älteste Tochter Prokris für fünfzig Nächte als Bettgenossin geben.«

Herakles war sofort einverstanden und erlegte die Bestie. Nun hatte aber Thespios sage und schreibe fünfzig Töchter, und er wollte unbedingt vermeiden, daß sich auch nur eine einzige von ihnen mit einem Partner abgab, der seines Geschlechts nicht würdig war. So gedachte er nun, Herakles' Belohnung zu modifizieren, indem er nur in der ersten Nacht seine Älteste Prokris zu ihm ließ, in den folgenden neunundvierzig Nächten aber jeweils eine andere Tochter, was Herakles in der Dunkelheit auch gar nicht auffiel. Es war noch kein Jahr vergangen, da kamen fast gleichzeitig fünfzig Kinder zur Welt, die alle unser Held gezeugt hatte. Manche behaupten sogar, Herakles habe die fünfzig Töchter alle in einer einzigen Nacht beglückt. Wir aber sind der Ansicht, daß es auch in der Mythologie gewisse Grenzen geben muß, weswegen wir diese Version entschieden zurückweisen.

Von den kleineren Unternehmungen des Herakles sei hier noch das Abenteuer mit Hesione erwähnt. Die Vorgeschichte dazu geht auf die Zeit zurück, als Apollon und Poseidon dem trojanischen König Laomedon beim Bau der mächtigen Stadtmauer behilflich waren. Als dieser sich dann erdreistete, die Götter um ihren gerechten Lohn zu prellen, schickte ihm Apollon zur Strafe eine schreckliche Seuche und Poseidon ein Seeungeheuer, das fortan die trojanische Küste unsicher machte. Dieses Monster sollte erst dann wieder verschwinden, wenn die Troer ihm eine Jungfrau opfern würden. Und auf wen fiel das Los? Natürlich auf die schönste, Hesione, die älteste Tochter Laomedons. Mittlerweile wissen wir ja, daß, wenn irgendwo ein Drache zu töten oder eine Jungfrau zu befreien war, früher oder später Herakles auftauchte und sich der

Sache annahm. So auch hier. Hinter einem Mäuerchen an dem Strand versteckt, wo die Jungfrau als Fraß für das Seeungeheuer angekettet war, wartete Herakles geduldig, bis die Bestie auftauchte. Die Auseinandersetzung, die sich dann entwickelte, soll wirklich bemerkenswert gewesen sein. Die Mythologen berichten, daß Herakles volle drei Tage und drei Nächte im Bauch des Ungeheuers gekämpft habe. Wie nicht anders zu erwarten, ging er als Sieger aus dem Kampf hervor, auch wenn er dabei alle Haare verlor.

Das Seeungeheuer wurde in der Tat von Herakles erschlagen, und der Hesione ließ er die freie Wahl, ob sie mit ihrem Retter ziehen oder bei den Eltern in der Heimat bleiben wolle. Das Mädchen nun zog es vor, dem Fremdling zu folgen, und zwar nicht nur, weil sie über seine Hilfe ihre Verwandtschaft vergaß, sondern auch, weil sie fürchtete, daß man sie dem gleichen Verderben weihen werde, wenn wiederum ein Seeungeheuer erscheinen sollte.
(vgl. Diodorus Siculus, *Geschichtsbibliothek*, IV, 42)

VIII

Das Nessoshemd

Hatten wir es bei Herakles bisher mit einer Art Super-rambo der Antike zu tun, so werden wir ihn nun von einer ganz anderen Seite kennenlernen: Das Glück wendet sich von ihm ab, und er, der bis dahin Über-menschliche, wird ein Mensch wie alle anderen, einer, der sich verliebt (und das mehr als einmal) und sogar körperlichen Schmerz empfindet.

Die Schwierigkeiten begannen, als er sich dazu ent-schloß, Deianeira, die Tochter von Oineus, dem Kö-nig von Pleuron, zu heiraten. Als die Verehrer des Mädchens, die sehr zahlreich waren und aus allen Tei-len Griechenlands kamen, hörten, daß auch Herakles ein Auge auf die Königstochter geworfen hatte, mach-ten sich alle eilig aus dem Staub. Bis auf Acheloos, einen etwas verwachsenen Flußgott – er hatte einen Stierkopf –, der Deianeira ziemlich unsympathisch war. Was sie uns übrigens in der Vorszene der Sopho-klestragödie *Trachinierinnen* bestätigt:

»Der Flußgott Acheloos warb um mich und kam
in dreierlei Gestalt ins Haus, als leibhaftiger Stier,

im schlüpfrig, bunten Schlangenleib, zuletzt als
Mensch zwar, doch mit Kuhhörnern und wildem
Bart, aus dessen Struppigkeit das Wasser in
Bächen rann. Ich war entsetzt und erflehte meinen
frühen Tod, bevor ich teilte solches Ehebett. Da
kam jedoch zu meinem großen Glück mein Held,
des Zeus und der Alkmene stolzer Sohn.«
(vgl. Sophokles, *Trachinierinnen*, I, 18 ff.)

Wieder einmal wurde die Sache durch einen Zweikampf aus der Welt geschafft. Dabei verwandelte sich
Acheloos in einen Stier und in eine Schlange, doch
Herakles blieb davon völlig unbeeindruckt. Schließlich hatte er sein ganzes Leben von Säuglingstagen an
damit zugebracht, Schlangen und Stiere zu besiegen,
und da sollte er jetzt vor einem, zugegebenermaßen
recht wandlungsfähigen Flußgott davonlaufen? In der
Boxersprache würde man sagen, er streckte ihn in der
zweiten Runde nieder, also bei der zweiten Verwand-
lung.

Mit großem Pomp heirateten Herakles und Deianeira und hätten auch sicher wie im Märchen bis in
alle Ewigkeit glücklich zusammengelebt, wäre es auf
der Hochzeitsreise nicht zu einem seltsamen Zwi-
schenfall gekommen. Als sie gerade im Begriff waren,
einen Fluß zu überqueren, trat ein Kentaur namens
Nessos zu ihnen und erklärte, Zeus persönlich habe
ihm den Auftrag gegeben, die Frischvermählten ein-
zeln wohlbehalten ans andere Ufer zu bringen. Nur
war Nessos ein Bösewicht (wie alle Kentauren bis auf
Cheiron übrigens). Kaum war er mit Deianeira allein

und Herakles am anderen Ufer, da versuchte er, die junge Braut zu besitzen. Dem Helden, der alles mit ansah, blieb nichts anderes übrig, als einen seiner unfehlbaren Pfeile, dessen Spitze dazu noch mit dem Gift der Hydra getränkt war, über den Fluß zu schießen und den Wüstling zu töten. Er traf ihn genau zwischen Herz und Lunge. Doch bevor der Kentaur starb, fand er noch Zeit, dem Mädchen folgende Worte ins Ohr zu flüstern: »O meine süße Deianeira, nimm dir etwas von meinem Blut und bewahre es gut auf. Denn wisse, es ist ein mächtiger Liebeszauber, und niemand, der damit auch nur einen Augenblick in Kontakt kommt, wird dich jemals mit einer anderen Frau betrügen können.«

Im Moment brauchte sich Deianeira für so etwas nicht zu interessieren. Schließlich hatte Herakles nur Augen für sie. Doch was würde morgen sein? Vielleicht lernte er ja einmal eine Frau kennen, die ihm besser gefiel, und da konnte es nicht schaden, über solch einen Liebeszauber zu verfügen. Und während Herakles schwimmend den Fluß überquerte, nahm das Mädchen kurzentschlossen das Hemd des Kentauren, tauchte es in sein Blut und versteckte es dann.

Das, was danach geschah, lassen wir uns direkt von Sophokles erzählen.

Handelnde Personen in der Reihenfolge ihres Auftretens:

DEIANEIRA, die von Anfang bis Ende weint.
LICHAS, der Bote, der die Rückkehr des Helden meldet.

IOLE, die Tochter des besiegten Königs, die kein Wort
über die Lippen bringt.

HYLLOS, der älteste Sohn von Herakles und Deianeira.

HERAKLES auf einer Trage, vor Schmerz schreiend.

DER CHOR DER TRACHINIERINNEN, also der Mädchen
von Trachis.

SCHAUPLATZ: Trachis, eine Stadt in Thessalien, wo
Herakles und Deianeira seit mittlerweile zwanzig
Jahren leben.

Die Tragödie beginnt damit, daß Deianeira vor das
Publikum tritt und sich heftig über ihren ständig ab-
wesenden Gatten beklagt.

> *»O ich Unglückliche, Herakles weilt ständig außer*
> *Haus. Wir zeugten Kinder, doch er sieht sie kaum.*
> *So wie ein Bauer ferne Felder besitzt, die er zur*
> *Saat, zur Ernte nur besucht. Nun haben fünfzehn*
> *Monde sich schon erfüllt, und keine Kunde kam*
> *von ihm.«*
> (ebda., Vorszene, 32 ff.)

Ihre Klage ist schon verständlich. Herakles ist einfach
nicht besonders häuslich. Es liegt ihm nicht, in Pan-
toffeln gemütlich vor dem Kamin zu sitzen und über
Gott und die Welt zu plaudern. Er ist ein Mann, der
durch die Welt zieht und kräftig austeilt, und hätte
ihm Eurystheus nicht die zwölf Arbeiten befohlen,
hätte er sie sich wahrscheinlich selbst ausgedacht.

Während uns die arme Deianeira von ihren Problemen erzählt, betritt der Herold Lichas die Bühne und

bringt die letzten Neuigkeiten von der Front. Hinter ihm bewegt sich eine ganze Schar gefangener Frauen, darunter Iole, die Tochter des besiegten Königs Eurytos. Das Mädchen schweigt, ihre Miene wirkt düster, und ihre Augen sind niedergeschlagen. Deianeira blickt sie aufmerksam an.

Der Herold begnügt sich anfangs mit recht allgemeinen Auskünften: Herakles gehe es gut, im Moment sei er noch damit beschäftigt, den Göttern Dankopfer zu bringen, danach werde er heimkommen. Über die Frauen verliert er kein Wort, was eigentlich auch nicht verwunderlich ist, denn schließlich handelt es sich bei ihnen nur um die übliche Kriegsbeute. Doch Deianeira will mehr über sie wissen. Ihr ist nämlich das Gerücht zu Ohren gekommen, daß Herakles eine Schwäche für eine von ihnen habe, wahrscheinlich für Iole, die Königstochter.

»Sprich Lichas, verhehle nichts. Wer sich dem Eros widersetzt, ist kein kluger Mensch. Eros zwingt die Götter, er zwingt mich und auch alle anderen. Er ist wie eine Krankheit. Und wenn diese Krankheit nun meinen Gatten befallen hat, so wär' es sinnlos, ihm dann feind zu sein. Wenn du schweigst, Lichas, weil du mich schonen willst, dann tust du mir Unrecht. Herakles hat schon so manche Frau gefreit und nie ein böses Wort von mir gehört. So wird's auch diese nicht, denn beim ersten Blick hat mich Mitleid mit der Frau erfaßt, die ihre Schönheit ins Verderben stürzt.«
(vgl. ebda., II, 441 ff.)

Und Lichas beginnt:

> *»O liebe Herrin, wie ich sehe, mißt du das*
> *Menschliche mit Menschenmaß. Deshalb sage ich*
> *dir alles und verberge nichts. Es ist wahr. Weil*
> *heißes Verlangen nach diesem Mädchen Herakles*
> *befiel, ward Oichalía, ihre Vaterstadt, um ihretwil-*
> *len grausam ausgetilgt. Sei seinet- und sei deinet-*
> *willen gut zu dieser Frau und laß das Wort, das du*
> *ihr gönntest, unverrückt gesprochen sein. Wie*
> *viele Siege Herakles' Hand errang, in dieser Lei-*
> *denschaft erlag er ganz.«*
> (vgl. ebda., II, 472 ff.)

Doch soviel Verständnis für »menschliche« Schwä-
chen hat Deianeira nun auch wieder nicht, und die
Nachricht, daß Herakles wegen einer anderen Frau
den Kopf verloren hat, haut sie glatt um. Wenn es sich
nur um die übliche Affäre handeln würde – Schwamm
drüber. Aber daß er sich ernsthaft verliebt hat, in ein
Mädchen, das ihr nun ihren Platz als Ehefrau und Königin streitig macht – nein, das kann sie einfach nicht
hinnehmen!

> *»Dies ist kein Mädchen, glaub ich, ist sein Weib!*
> *Soll ich sie denn in meinem Hause aufnehmen,*
> *wie ein Seemann seine Fracht, eine Ware, die*
> *mein Innerstes beschimpft? Zwei Frauen warten*
> *nun unter einem Tuch auf die Umarmung! So will*
> *Herakles also, den man den Guten und den*
> *Treuen nennt, mich für den langen Dienst in sei-*

*nem Haus entlohnen. Kann aber je ein Weib mit
einer anderen ein Haus bewohnen, teilen gleiches
Bett? Ach, ich sehe, wie das Alter dieses
Mädchens voll erblüht, während meine Schönheit
schwindet. Reiche Ernte pflückt das Auge dort,
hier wendet es sich ab. Zwar hieße er weiterhin
mein Ehegemahl, in Wahrheit wäre er jedoch
Gatte jenes Kindes.«*
(vgl. ebda., II, 6 ff.)

In dieser Situation entsinnt sich Deianeira des Hem-
des von Nessos und des Liebeszaubers, mit dem es
getränkt ist. »Wer weiß, vielleicht funktioniert es ja
tatsächlich«, denkt sie und bereitet sogleich ein Ge-
schenkpaket für ihren Gemahl vor.

*»Geh, o Lichas, und bringe dieses Hemd dem Gat-
ten als Geschenk von meiner Hand. Und sage
ihm, daß vor ihm keiner das Kleid an seinem
Leibe tragen soll. Kein Sonnenstrahl, kein Feuer
des Altars, keine Glut des Herdes soll es beschei-
nen, bis er es den Göttern vor aller Augen zeigt am
großen Opfertag. Hier, nimm diesen Schrein, ich
vertraue ihn dir an. Er ist mit dem Siegel verschlossen, das er als das meine kennt. So wird er
deinen Worten Glauben schenken.«*
(vgl. ebda., III, 71 ff.)

Was nun danach geschieht, ist nur allzu bekannt:
Kaum hat Herakles das tückische Hemd übergezogen,
da schreit er vor Schmerz auf. Denn das Blut des Nes-

sos zerfrißt Millimeter für Millimeter sein Fleisch, und jedweder Versuch, es sich vom Leibe zu reißen, ist vergeblich. So beginnt der Held, während ihn die unmenschlichen Schmerzen quälen, Deianeira zu verfluchen und den Tag, an dem er sie zum ersten Mal gesehen hat.

Im Theater ist dies alles nicht zu sehen: Der junge Hyllos, Herakles' ältester Sohn, stürzt wie von Sinnen auf die Bühne und erzählt das Ganze. Zunächst fährt er aber seine Mutter an:

>»O Mutter, o wärest du doch tot oder die Mutter*
>*eines anderen. Den Vater hast du mir, den Gatten*
>*dir an diesem Tage in den Tod geschickt.«*
>(vgl. ebda., IV, 70 ff.)

Die ärmste Deianeira fällt aus allen Wolken. Sie hat doch niemanden umgebracht. Was redet ihr Sohn da nur? Hyllos klärt sie auf:

>»Als Lichas ihm dein Geschenk brachte, das*
>*Todeskleid, zog er es sogleich an, wie du es ihm*
>*befahlst, und opferte zwölf Rinder aus bester*
>*Zucht. Als die Opferflamme sich aber entzündete,*
>*brach ihm der Schweiß aus und wie festgeleimt*
>*legte sich das Kleid an alle seine Glieder. Krampf-*
>*haftes Zucken ging durch sein Gebein, es fraß an*
>*ihm wie böses Nattergift. Und keiner wagte sich in*
>*seine Nähe. Ihn aber riß es nieder, riß es auf, er*
>*schrie und heulte und seine Schmerzensschreie*
>*hallten wider von Lokris' Bergen und den Felsen*

*Euboias. Und als er sich lange am Boden gewälzt
und lange gestöhnt, verwünschte er die Unglücks-
ehe, die ihn mit dir verband. Denn du kannst
nicht leugnen, Mutter, daß du dies dem Vater an-
tatest. Und ich rufe auf dich die Strafe der Rache-
göttinnen, weil du das Recht mit Füßen tratest
und tötetest den ersten Mann auf dieser Welt, wie
es keinen mehr geben wird.«*
(vgl. ebda., IV, 93 ff.)

Die arme Deianeira! Sie liebte Herakles doch mehr als
alles auf der Welt und hatte seinen Gefühlen für sie
nur ein wenig nachhelfen wollen.

*»Die Arme fürchtete großes Leid
Für sich aus neuer Vermählung.
Und wie stöhnt sie heute im Leid!
Wie entströmt bitt'rer Tau
Immer neu ihren Augen!
Moira, die tückische, kam
Und zeigte uns ihr grausames Werk!«*
(vgl. ebda., 4. Standlied, Strophe 2)

Dies singt der Chor der trachinischen Mädchen, der
wie stets in der griechischen Tragödie recht düster
klingt. Aber er hat ja recht. Deianeira ist so verzweifelt, daß sie sich mit einem Schwert durchbohrt. Doch
bevor sie ihr Leben aushaucht, findet sie noch Zeit,
diese Worte zu sprechen:

»Mein Bett! Mein Brautgemach! Lebt wohl für
immer. Nie empfangt ihr mehr auf euren Kissen
diese Schläferin!«
(vgl. ebda., 63 ff.)

Ihr Sohn Hyllos findet sie und bereut bitter, ihr, ohne
sie zuvor anzuhören, solche Vorwürfe gemacht zu
haben. »Wie konnte sie sich das nur antun?« ruft er
erschüttert, und der Chor antwortet ihm:

»Weil das Leid nicht schlimmer ist, als das Leid
zu fürchten.«
(vgl. ebda., V, 87 f.)

Ein Satz, der alleine schon die Anschaffung aller So-
phoklestragödien lohnen würde.

Doch dieses Drama hier ist noch nicht zu Ende.
Herakles, der bei lebendigem Leib zerfressen wird
und wie ein Tier leidet, wird auf einer Bahre herange-
tragen. Er flucht auf Gott und die Welt, vor allem aber
auf die Gattin, die ihm das angetan hat. Als er dann
aber erfährt, daß Deianeira ziemlich unschuldig ist
und ihrem Leben ein Ende gesetzt hat, bittet er seinen
Sohn, auch seinen Qualen ein Ende zu machen.

HERAKLES: *Hör, was zu tun ist, denn nun bist du reif,*
mir zu zeigen, daß mein Sohn zum Mann geworden
ist. Es war von alters her mir prophezeit, daß kein
Lebender mich töten würde, sondern ein Toter. So
hat mich der Kentaur nach jener Prophezeiung
getötet, ein Toter den Lebendigen. Da sich nun alles

so getreu erfüllt, mußt du des Vaters Kampfgenosse
sein, ihm helfen und nicht durch Trotz entfesseln
seinen Zorn, getreu der schönsten Pflicht, die jeden
Sohn dem Vater unterwirft.

HYLLOS: *Große Furcht überkommt mich bei deinen*
Worten, doch ich will gehorsam sein.

HERAKLES: *Du kennst den Oita, den höchsten Sitz des*
Zeus?

HYLLOS: *Ich kenn ihn, manches Opfer bracht ich dort.*

HERAKLES: *Dorthin bringe meinen Leib, mit eigener*
und mit Freundes Hand. Dann schlage Holz von
den alten Eichen ab und schneide viele starke
Zweige des wilden Ölbaums zu. Darauf bette mei-
nen Leib und zünde dann mit einer Fackel aus
Fichtenholz das Feuer an. Und ohne Tränen, ohne
Klage, ohne Jammern tust du dieses Werk, wenn du
mein Sohn bist, sonst erwartet dich vom Hades
noch mein Fluch.

(vgl. ebda., 204 ff.)

Manche sagen, Hyllos habe im letzten Moment nicht
den Mut gefunden, den Scheiterhaufen anzuzünden,
und Philoktet, der griechische Held, der zufällig vor-
überkam, habe diese Aufgabe übernommen und dafür
als Dank den Bogen des Herakles mitsamt der Pfeile
erhalten.

Eine andere Version gefällt mir jedoch noch besser.
Danach wäre das Nessoshemd ein Symbol für das
Eheleben mit all seinen Unannehmlichkeiten. Hera-
kles, ständig auf Achse und auf der Suche nach neuen
Herausforderungen, habe die eheliche Monotonie

nicht ertragen und sei lieber gestorben, als die immer gleichen Tage mit seiner Gattin zu verbringen.

Doch jeder Leser möge sich selbst für die Version entscheiden, die am besten zu ihm paßt.

IX

Theseus

Ja, es stimmt, Theseus war ein »Anmacher«. So viele Ungeheuer Herakles erlegte, so zahlreich waren die Frauen, die Theseus auf seinen Streifzügen durch die Welt verführte. Zu seinen Eroberungen zählten so schöne Damen wie Perigune, Alope, Ariadne, Phaidra, Antiope und auch Helena (ja, eben die, die den Trojanischen Krieg entfesselte). Fast hätte er auch Persephone, die faszinierende, mysteriöse Königin der Unterwelt, in seine Sammlung einreihen können, wäre ihm Hades nicht in die Quere gekommen. In Theseus aber nur den Don Giovanni zu sehen, würde ihm ganz und gar nicht gerecht werden. Dieser Held hat nicht nur Verdienste um die Beendigung des Brigantenunwesens, das sich in der Gegend um Athen ausgebreitet hatte, sondern kann auch als erster echter Staatsmann Griechenlands betrachtet werden. Denn ihm gelang es, das erste Staatenbündnis mit defensiver Ausrichtung zu schaffen. Bis dahin war seine Heimat nämlich in zwölf kleine, miteinander verfeindete Monarchien zersplittert gewesen. Theseus überzeugte jeden einzelnen dieser kleinen Könige, seine egoistischen Interessen zurückzustellen, räumte jene, die sich nicht dafür begeistern konnten, aus dem Weg (oder ließ sie beseitigen) und stellte eine Art attische Konföderation mit Athen als Hauptstadt auf die Beine. Um das Nationalbewußtsein zu stärken und der Jugend Gelegenheit zu geben, sich im fairen Wettkampf zu verausgaben, erfand er die »Panathenischen Spiele«, eine Art Vorläufer der Olympiade.

Unter den zahlreichen Initiativen, die auf ihn zurückgehen, seien hier erwähnt:

a) die Unterteilung des Volkes in die drei Klassen, die »Georgoi« (Bauern), »Demiurgoi« (Handwerker) und die »Eupatriden« (jene, denen das Vaterland zu Dank verpflichtet ist).

b) die Anwerbung von begabten Bürgern außerhalb Attikas: So sandte Theseus Herolde in alle Reiche Griechenlands aus, um dort jene, die auf einem bestimmten Gebiet besondere Fähigkeiten besaßen, dazu zu bewegen, Athener Bürger zu werden. Und wer weiß, vielleicht hat er auf diese Weise schon den Samen gelegt für jene einzigartige kulturelle Blüte acht Jahrhunderte später, die allgemein als perikleisches Zeitalter bekannt ist.

c) die Prägung der ersten griechischen Münze, und zwar mit dem Abbild eines Stieres, wahrscheinlich, um an seine größte Heldentat zu erinnern. Es gab sie in drei Werteinheiten: »ein Ochse«, »zehn Ochsen« und »hundert Ochsen«.

Kommen wir nun zu den Umständen von Theseus' Geburt. Sein Vater Aigeus war unfruchtbar. Er lebte schon in dritter Ehe, doch keine seiner Gemahlinnen war bisher schwanger geworden. Zu jener Zeit wandte man sich bei derartigen Problemen nicht an einen Arzt, sondern an ein Orakel seines Vertrauens, und wie die meisten damals suchte Aigeus das von Delphi auf. Doch was er da von der Priesterin zu hören bekam, war nicht gerade ermutigend. Ihr Orakelspruch lautete nämlich: »Halte deinen Weinschlauch verschlossen, sonst wird der Schmerz dich töten.« Mit anderen Worten: Verzichte auf Kinder, wenn dir dein Leben lieb ist. Doch so leicht wollte Aigeus nicht aufgeben. Er hatte Hunderte von Verwandten, die wie gefräßige Geier auf seinen Tod warteten, und er brauchte unbedingt einen Sohn, dem er seinen Thron vererben konnte. So versuchte er es immer wieder, bis es ihm eines Tages tatsächlich gelang, vielleicht weil er betrunken war, seine dritte Frau Aithra zu schwängern. Neun Monate später wurde Theseus geboren. Doch Aigeus hatte eine solche Angst, jemand könnte seinen so lange ersehnten Erben ermorden, daß er ihn mitsamt der Mutter aufs Land in die kleine Stadt Troizen verfrachtete. Seine Frau mußte ihm schwören, ihrem Sohn so lange den Namen seines Vaters nicht zu verraten, bis er stark genug war, alleine einen riesigen Felsblock, unter dem er selbst ein Schwert und ein Paar gebrauchte Sandalen deponiert hatte, fortzubewegen.

Da aber Theseus, als er zum Manne herangewachsen war, nicht nur ungemeine Körperkraft und unerschütterlichen Mut, sondern auch viel Verstand und Klugheit zeigte, führte ihn nun

Aithra zu dem Steine, entdeckte ihm die wahren
Umstände seiner Geburt und hieß ihn, die von sei-
nem Vater zurückgelassenen Wahrzeichen hervor-
holen und damit nach Athen fahren. Er hob den
Stein mit leichter Mühe auf, verwarf aber den Rat,
zur See nach Athen zu reisen, obgleich dies der si-
cherste Weg war, denn der Weg zu Lande nach
Athen war äußerst gefährlich, weil diese Gegend
durch Räuber und Wegelagerer unsicher gemacht
wurde.

(vgl. Plutarch, *Lebensbeschreibungen*, Theseus, 6)

Die Wegelagerer

Fünf Wegelagerer waren es, die das Pech hatten, Theseus aufzulauern: Periphetes, Sinis, Skiron, Kerkyon
und Prokrustes.

Periphetes, ein Sohn des Poseidon (oder von Hephaistos), wurde auch spöttisch »Korunetes« genannt, denn er bediente sich einer ungeheuer großen
ehernen Keule *(korúne)*, um allen, die ihm unsympathisch waren, den Schädel einzuschlagen. Wobei er
feigerweise seine Opfer fast immer von hinten angriff.
Theseus ließ sich jedoch nicht überraschen, entwand
Periphetes die Keule und erschlug ihn damit. Wie
Herakles handelte auch Theseus nach dem Leitspruch
»Wie du mir, so ich dir«. Das heißt, er bestrafte seine
Gegner eben mit jenen Waffen, mit denen sie ihn angegriffen hatten.

Sinis hingegen, auch »Pityokamptes«, also »der

Tannenbieger«, genannt, war ein eingefleischter Sa-
dist. Sein Hobby bestand darin, sich einen Reisenden
zu schnappen, ihn an zwei Tannen zu binden, die er
hinunter bis zur Erde bog, und dann die Seile, mit
denen sie am Boden befestigt waren, gleichzeitig zu
durchschlagen. Getreu seiner goldenen Regel ließ
Theseus auch ihn spüren, wie es war, zerrissen zu werden. Nebenbei fand er aber auch noch Zeit, eine Tochter von Sinis, Perigune nämlich, zu verführen und zu
schwängern.

Als dritter Bandit kam Skiron an die Reihe. Dieser
war ein seltsamer Typ, eine Art Reinlichkeitsfanatiker,
der seine Opfer dazu zwang, ihm die Füße zu wa-
schen. Er setzte sich irgendwo auf eine Klippe direkt
über dem Meer, ließ den jeweiligen Unglücklichen den
erniedrigenden Dienst verrichten und beförderte ihn
dann mit einem Fußtritt in die Tiefe. Diesmal ging
Theseus aber davon ab, Gleiches mit Gleichem zu ver-
gelten, verzichtete auf die Waschung und warf den
Halunken direkt ins Meer.

So zog Theseus weiter nach Athen und traf auf den
Ringer Kerkyon, einen Schrank von zwei Metern
Länge, dessen Freizeitbeschäftigung es war, Vorüber-
kommende zu einem aussichtslosen Ringkampf zu
zwingen. Doch nicht bei Theseus. Für ihn war die Auf-
forderung zum Kampf wie eine Einladung zum
Abendessen. Mit Leichtigkeit legte er Kerkyon aufs
Kreuz, und da er schon mal da war, trieb er es auch
noch mit der Ringertochter Alope. Pausanias zufolge
soll Theseus seinen Widersacher hauptsächlich durch
Geschicklichkeit niedergerungen haben, weswegen er

ihn auch den Erfinder des Ringkampfs nennt (vgl. Pausanias, *Reisen in Griechenland*, I, 39, 3)

Der letzte Bandit, der Theseus auf der Straße nach Athen auflauerte, war Prokrustes. Dieser eigenartige Zeitgenosse, der eigentlich Polypemon hieß, war ein absoluter Perfektionist und Gleichmacher. Ihm hätte es gefallen, wenn alle Menschen auf der Welt gleich gewesen wären – zumindest der Körpergröße nach. Deswegen zwang er seine Opfer, sich auf ein geeichtes Bett niederzulegen, wo er dann die zu langen amputierte und die zu kurzen »verlängerte«, *usque dum lecti longitudinem aequaret*, bis sie also der Länge des Bettes angeglichen waren (Hyginus, *Fabel*, 38). Wie nicht anders zu erwarten, zwang Theseus den Präzisionsfetischisten auf sein eigenes Bett, befand ihn als zu klein und paßte ihn durch kräftiges Strecken (*neocrouein*) so weit an, daß er starb.

Sehen wir uns nun einmal an, was sich in der Zeit, als Theseus in Troizen aufwuchs, in Athen zugetragen hatte.

Die aus Korinth geflohene Medeia hatte Aigeus um Asyl gebeten, und dieser war auch gerne dazu bereit, ihr den Aufenthalt zu gewähren, unter der Bedingung jedoch, daß sie ihn mit ihren Zauberkünsten von seinem Problem im Bett heile. Das gelang so gut, daß Medeia ihm schon neun Monate später einen Sohn namens Medos gebar. Verständlicherweise war nun die Zauberin über Theseus' Rückkehr nicht besonders erfreut. Sie wußte nur zu gut, daß dieser der rechtmäßige Thronerbe war und daß ihr kleiner Medos keine Chance hatte, an die Macht zu kommen, solange dieser verfluchte Held lebte. So nutzte sie den Umstand aus, daß Theseus sich noch nicht offiziell bei seinem Vater vorgestellt hatte (vielleicht wollte er ihn überraschen), und überzeugte Aigeus davon, daß dieser fremde Jüngling aus Troizen, der gerade angekommen war, nichts weiter als ein Verbrecher sei, den man mit einer List aus dem Weg räumen müsse. An jenem Tag feierte man in Athen ein großes Fest. Alle Bürger hatten sich um den Delphintempel versammelt, um an einem großen Bankett mit Ochsen vom Spieß und kretischem Wein teilzunehmen. Als Gast wurde Theseus vom König aufgefordert, sich als erster eine Scheibe vom Braten abzuschneiden, und dazu reichte ihm Medeia einen Becher Wein, der natürlich vergiftet war. Der Jüngling hatte schon den Becher an die Lippen geführt, als Aigeus sah, daß das Schwert, mit dem sich Theseus von dem Fleisch abgeschnitten hatte, eben jenes war, das er selbst achtzehn Jahre zuvor in Troizen deponiert hatte.

Aigeus, der es sogleich bemerkte, stieß den Giftbecher um, umarmte nach einigen Fragen seinen Sohn und erkannte ihn öffentlich in einer dazu berufenen Versammlung vor allen Bürgern an.
(vgl. Plutarch, *Lebensbeschreibungen*, Theseus, 12)

X

Der Minotaurus

Eines Tages gestand Königin Pasiphaë im trauten Gespräch ihren Freundinnen: »Offen gesagt, Sex bedeutet mir überhaupt nichts. Von mir aus könnte ich gut
und gerne darauf verzichten.« Das hätte sie nicht
sagen sollen: Aphrodite, an ihrem wundesten Punkt
getroffen, verwandelte sie augenblicklich in eine Nym-
phomanin. Und von diesem Tage an war es mit Pasi-
phaës Seelenfrieden vorbei. Unbefriedigt von dem,
was ihr der Gatte im Bett bieten konnte, begann sie,
ihn mit allen möglichen Männern zu betrügen. Mit
Höflingen, zufälligen Gästen, ja sogar Soldaten der
Palastwache. Mit anderen Worten: Sie brauchte einen
Mann nur zu sehen, und schon ging sie ihm an die Wä-
sche. Unterdessen hatte ihr Gemahl, König Minos von
Kreta, den Mund gegenüber den Göttern ziemlich voll
genommen. Er hatte Poseidon nämlich versprochen,
ihm an seinem Festtag den schönsten Stier der Insel zu
opfern. Um den König auf die Probe zu stellen,
schickte der Gott ihm nun einen Stier aus dem Meer,
ein wunderschönes Tier, das ganz weiß war und des
Nachts so herrlich schimmerte, als habe es im Innern

eine Lampe. In Anbetracht der Schönheit des Tieres hatte Minos keine Lust mehr, es zu opfern. Damit Poseidon von dem Betrug nichts merkte, versteckte er es in den Gärten des königlichen Palastes. Doch hatte er die Rechnung ohne das unstillbare Verlangen seiner Gattin gemacht, die sich, teils aufgrund der Verwünschungen von Aphrodite, teils auch der von Poseidon, tatsächlich in das Tier verliebte.

Das erste Zusammenkommen zwischen der Schönen und dem Biest verlief, man muß es so deutlich sagen, überhaupt nicht wunschgemäß. Denn wenn es auch stimmte, daß Pasiphaë den Stier liebte, so konnte man das umgekehrt von dem Stier nun wirklich nicht behaupten. Bekanntlicherweise lieben Stiere eben Kühe, und Pasiphaë war sicher eine schöne Frau, ihre Ähnlichkeit mit einer Kuh hielt sich aber stark in Grenzen. Enttäuscht von der Abfuhr durch den schönen Stier, bat die Königin den Hofarchitekten Daidalos um Hilfe, und dieser große Künstler baute ihr eine hölzerne Kuh mit allem Drum und Dran, mit Hörnern, Fell und Hufen, in der sich Pasiphaë verstecken und die von ihr erwünschte Stellung einnehmen konnte. Für genauere Details verweisen wir den Leser auf das Gemälde von Giulio Romano im Palazzo del Tè in Mantua, auf dem die lüsterne Königin beim Hineinschlüpfen in die Kuh zu sehen ist. Auch Apollodor berichtet:

Daidalos verfertigte eine hölzerne Kuh auf Rädern, machte sie inwendig hohl, zog einer Kuh die Haut ab, nähte dieselbe über die nachgebildete,

stellte diese sodann auf die Aue, wo der Stier zu
weiden gewohnt war, und steckte die Pasiphaë
hinein.
(vgl. Apollodor, *Mythologische Bibliothek,* III, 1, 4)

Neun Monate später wurde der Minotaurus geboren,
das heißt...

... ein mißgestaltetes Tier, gemischt aus zwei Ge-
stalten, aus einem Stier und halb aus einem Mann
gebildet.
(Plutarch, *Lebensbeschreibungen,* Theseus, 15)

Zunächst noch einige Worte zu Minos. Minos stand
Pasiphaë sicher in nichts nach, das heißt, er war ein
Mann, der in puncto Seitensprüngen wirklich nichts
anbrennen ließ. Zu seiner Entschuldigung können wir
jedoch anführen, daß der Name Minos im kretischen
»Herrscher« bedeutete (ähnlich wie »Caesar« bei den
Römern), und so wurden wohl verschiedene Missetaten, die möglicherweise andere »Minos« verübt hatten, der Einfachheit halber dem unseren zugeschrie-
ben. Von diesem wissen wir mit Sicherheit nur, daß er
der mächtigste König seiner Zeit war und daß seine
Flotte die Meere beherrschte, von Ägypten bis zu den
Küsten Anatoliens.
Von den zahlreichen kriegerischen Eroberungen,
die Minos glückten, sei hier nur die von Megara erwähnt, die sich folgendermaßen abspielte: Skylla, die
Tochter von Nisos, dem König von Megara, hatte
einen netten Zeitvertreib. Und zwar stieg sie immer

wieder auf den höchsten Turm der Stadt und warf Steinchen hinunter. Doch warum tat sie das? Weil am Fuß der Burg ein großer Stein lag, der wie eine Leier klang, wenn ein Kieselstein darauf fiel. Auf diesem Stein hatte nämlich Apollon einst seine Leier abgelegt. Seit Minos nun die Stadt belagerte, kam Skylla sogar täglich hierher, warf Steinchen hinunter und beobachtete das Kampfgeschehen und vor allem die schmucken kretischen Krieger. Wer ihr dabei besonders auffiel und gefiel war nun Minos, mit seinen herrlichen Gewändern und seinem weißen Schlachtroß, und obwohl er ein Feind war, verliebte sie sich rettungslos in ihn.

Mittlerweile zog sich die Belagerung schon Monate hin, und der entmutigte Minos war drauf und dran, auf die Eroberung von Megara zu verzichten, als etwas Seltsames geschah. Dazu muß man wissen, daß der megarische König Nisos ein Büschel blonder Haare auf dem Kopf hatte. Gut, aber was hatte es mit diesem Büschel auf sich? An diesem Büschel hing nichts weniger als sein Leben, denn nach dem Willen der Götter konnte ihn niemand töten, solange diese Haare sein Haupt zierten. Doch Skylla schlich sich eines Nachts in sein Schlafgemach, schnitt ihm die magischen Locken ab, stahl ihm dann auch noch die Schlüssel zum Stadttor und händigte ihre ganze Beute dem Minos aus. Leider zeigte sich dieser der Königstochter gegenüber wenig dankbar. Zunächst verging er sich hastig an ihr und ließ sie dann von seinen Soldaten ins Meer werfen. Es wird erzählt, daß Skylla sich daraufhin in einen Eulenfisch verwandelt habe und die Seele ihres Vaters in einen Seeadler, der sich, in der Hoffnung seine Tochter zu erwischen, ohne Unterlaß auf alle Fische stürzte, die er aus den Wellen auftauchen sah.

Abgesehen von Skylla hatte Minos auch mit vielen anderen Damen Affären, unter ihnen die Nymphe Paria, die wunderschöne Britomartis (eine Priesterin der Artemis, die auf der Flucht vor Minos nach einer neunmonatigen Verfolgungsjagd gezwungen war, von einer Klippe ins Meer zu springen) und vor allem Prokris, die Gattin von Kephalos.

Pasiphaë war über die ständige Untreue ihres Gemahls so erbost (als wäre sie selbst die Treue in Person), daß sie ihn eines Tages mit Hilfe einer befreundeten Zauberin verhexte: Bei jeder Liebschaft mit einer anderen Frau vergoß Minos nun statt Samen einen Schwarm giftiger Schlangen, Skorpione oder Tausendfüßler. Da wir nun aber schon Prokris erwähnt haben, müssen wir zunächst ihre Geschichte erzählen.

Kephalos und Prokris waren ein glückliches Paar, und das wären sie auch für immer geblieben, hätte sich nicht Eos, die Göttin der Morgenröte, eines Tages in Kephalos verliebt. Freundlich, aber bestimmt wies der Jüngling zunächst die göttlichen Avancen zurück.

»Vielen Dank für die Ehre«, sagte er, »aber ich liebe meine Frau, und um nichts auf der Welt würde ich sie betrügen.«

»Leider hat sie dich nicht verdient!« seufzte Eos da, »sie würde dich mit dem Erstbesten betrügen, der ihr Schmuck aus Gold verspricht.«

»Das ist nicht wahr!« schrie Kephalos.

»Soll ich es dir beweisen?« erwiderte die Göttin.

Und mit diesen Worten verwandelte sie Kephalos in einen reichen Kaufmann namens Pteleon und verleitete ihn dazu, Prokris in dieser Gestalt eine goldene Krone für eine Liebesnacht zu versprechen. Ohne langes Hin und Her willigte Prokris ein. Kephalos war empört, warf seine Gattin aus dem Haus und ließ sich mit der Göttin ein. Doch damit ist die Geschichte noch nicht zu Ende. Denn Prokris floh nun nach Kreta, wo sie König Minos kennenlernte. Mit ihm einigte sie sich als Preis für eine Liebesnacht auf eine besonders wertvolle Jagdausrüstung, einen Hund, dem kein Wild entwischte, und einen Pfeil, der niemals sein Ziel verfehlte. Prokris hatte aber von einer Sklavin erfahren, daß Minos positiv war (wir erinnern uns, die Sache mit den Skorpionen und Tausendfüßlern). Sie schützte sich nun, bevor sie zu ihm ins Bett schlüpfte, mit einem besonderen Verhütungsmittel, einem Zaubertrank aus allerlei Kräutern und Wurzeln, den die Zauberin Kirke zubereitet hatte. Und als sie es hinter sich hatte, verschwand sie aus Angst, daß Pasiphaë ihr etwas antun könnte, sogleich von Kreta und begab sich nach Athen. Hier traf sie zufällig ihren Ex, Kephalos, wieder, der sie, ohne sie zu erkennen, fragte, was sie für den schnellen Jagdhund und den Pfeil, der niemals sein Ziel verfehlte, verlange. »Nichts«, antwortete sie mit sanfter Stimme, »die gebe ich dir, wenn du mich liebst.«

Kephalos traute seinen Ohren nicht und willigte sofort ein, und als sie dann miteinander geschlafen hatten, gab Prokris sich ihm zu erkennen. »Ich bin Prokris«, sagte sie weinend, »und ich liebe dich mehr als je zuvor!«

So versöhnten sich die beiden, doch das Glück währte nicht lange. Kurz darauf schon starb Prokris bei einem Jagdunfall. Um ihrem Mann einen Streich zu spielen, hatte sie sich in einem Gebüsch versteckt, doch dieser hielt sie für einen Hirsch und »erlegte« sie mit dem unfehlbaren Pfeil.

Doch kommen wir nun zum Minotauros zurück: Minos war verzweifelt! Daß seine Frau ihn mit einem Stier betrogen hatte, empfand er als tödliche Beleidigung. Kein Kreteser, der ihm nicht, sobald er sich abwendete, das Hörnerzeichen gezeigt hätte. Ja, es spricht sogar vieles dafür, daß erst durch diese Geschichte die »Hörner« das internationale Zeichen für Ehebruch wurden. Und dieser hier war wirklich nicht mehr zu verheimlichen, hatten doch alle den Minotaurus mit seinem unmißverständlichen Aussehen vor Augen.

Dieser war zwiefacher Natur, sein Unterleib bis zu den Schultern einem Stiere, das Haupt aber einem Menschen gleich.
(vgl. Diodorus Siculus, *Geschichtsbibliothek*, IV, 27)

Kurzum, das Tier war häßlich, so furchtbar häßlich, daß der arme Minos das Bedürfnis verspürte, es vor den Augen der Öffentlichkeit zu verstecken. Er ließ seinen Architekten Daidalos kommen und trug ihm auf, ein unterirdisches Verlies zu bauen, aus dem die Bestie unmöglich entweichen konnte: das Labyrinth.

Es war von vielen Wegen durchzogen, die so verwinkelt und verschlungen, daß niemand daraus entweichen konnte.
(vgl. ebda., IV, 27)

Um das Vieh zu ernähren, waren alle Städte unter kretischer Herrschaft gezwungen, abwechselnd Menschenfleisch zu liefern. So hatte Athen zum Beispiel alle neun Jahre sieben Jünglinge und sieben junge Mädchen nach Kreta zu schicken.

Es war nun schon das dritte Mal, daß sich die Athener daran machen mußten, ihren grausigen Tribut an Kreta zusammenzustellen, als plötzlich Theseus, der Königssohn, vortrat und verlangte, in die Schar der Opfer aufgenommen zu werden. Bevor er das Schiff nach Kreta bestieg, umarmte er noch einmal seinen Vater König Aigeus und hielt ihm folgende Ansprache: »O Vater, ich ziehe nach Knossos, um das fürchterliche Ungeheuer zu töten. Ich ziehe mit den Jungfrauen und Jünglingen, denen das Los den Tod vorherbestimmt hat. Doch ich schwöre dir bei den Göttern, ich werde als Sieger zurückkehren, und damit du als erster davon erfährst, werde ich, wenn ich die heimische Küste erreiche, das schwarze Segel gegen ein weißes austauschen. Erblickst du es, so weißt du, daß das Ungeheuer vernichtet ist.«

Ehrlicherweise muß man sagen, daß Theseus es alleine niemals geschafft hätte. Denn auch wenn er den Minotaurus getötet hätte, wäre er nicht in der Lage gewesen, aus dem Labyrinth hinauszufinden. Sogar Daidalos, der es doch selbst gebaut hatte, war, als das Labyrinth für ihn selbst zum Gefängnis geworden war, dazu gezwungen, es auf dem Luftwege zu verlassen. Er hatte sich zu einer Stelle begeben, wo keine Decke darüber war, und sich mit Flügeln, die er sich notdürftig mit etwas Wachs und ein paar herumliegenden Federn zusammengebastelt hatte, zusammen mit seinem kleinen Sohn Ikaros in die Lüfte erhoben. Der Fluchtversuch scheiterte jedoch, weil Ikaros, von Begeisterung ergriffen, zu hoch flog und der Sonne zu nahe kam, so daß die Wachsstreben schmolzen, an denen die Federn befestigt waren. Dabei hatte Daidalos ihm zuvor noch eingetrichtert:

»Halte dich auf mittlerer Bahn, Ikaros – laß dich ermahnen! –, damit nicht, wenn du zu tief fliegst, die Wogen die Federn schwer machen, oder, wenn du zu hoch emporsteigst, das Feuer sie versenge. Fliege zwischen beiden und ziehe deine Bahn unter meiner Führung.«
(Ovid, *Metamorphosen*, VIII, 203 ff.)

Ein Fischer und ein Bauer blickten ihnen mit offenen Mündern nach, als sie über ihren Köpfen hinwegflogen. Das müssen Götter sein, dachten sie, denn nur diesen ist es gegeben, die Himmelstraßen zu benutzen.

Schon war Junos Insel Samos zur Linken – Delos und Paros lagen weit zurück –, zur Rechten be-

fand sich Lebinthos und die honigreiche Calymne,
als der Knabe an dem kühnen Flug Freude bekam,
seinen Führer verließ und, vom Drang nach dem
Himmel ergriffen, seinen Weg höher nahm. Die
Nähe der zehrenden Sonne machte das duftende
Wachs, die Fesseln der Federn, weich. Hinge-
schmolzen war das Wachs; er rudert mit den nack-
ten Armen, bekommt aber ohne sein Flugwerk
keine Luft mehr zu fassen, und der Mund, der
noch den Namen des Vaters hinausschreit, wird
vom blauen Wasser verschlungen; es bekam von
Ikaros den Namen. Doch der unglückliche Vater,
nun kein Vater mehr, rief: »Ikaros! Ikaros! Wo
bist du?« Da erblickte er die Federn in den Wogen
und verfluchte wieder einmal seine Künste.
(ebda., VIII, 221 ff.)

Doch kommen wir nun zu Theseus zurück. Nackt und
unbewaffnet hatten ihn die Kreteser zum Minotaurus
ins Labyrinth geschickt. Und was tat der Held? Er ver-
sammelte seine jungen Mitopfer in einer Ecke, um sie
als Köder zu benutzen, versteckte sich dann hinter
einem Mäuerchen und wartete geduldig, daß sich die
Bestie vom Angstgeschrei angelockt zeige. Plötzlich
vernahm man das dumpfe Widerhallen von Schritten:
Der Minotaurus rückte an. Das Wehklagen der Opfer
wurde noch lauter – und da stand er, mit rotglühen-
den Augen und dichtem Schaum vor dem Mund. Theseus wartete, bis das Ungeheuer ganz nahe an seine
Opfer herangekommen war, stürzte sich dann völlig
unvermutet auf es, schlang den Arm um seinen Hals

und würgte es. Vergeblich mühte sich die Bestie freizukommen. Je mehr sie zappelte und tobte, desto fester wurde der Griff, der ihr die Luft nahm. Eine Minute, zwei Minuten – dann war es vorbei. Der Stiermensch sackte leblos zu Boden. Doch noch war das Abenteuer nicht bestanden: Wie sollte Theseus aus dem Labyrinth hinausfinden?

In der griechischen Mythologie wimmelt es von Töchtern, die aus Liebe ihre Väter verraten, und in diesem Buch haben wir ja auch schon Skylla und Medeia kennengelernt. Nichts Besonderes also, daß Ariadne es ihnen gleichtut. Der Tochter von König Minos hat ein Blick auf Theseus genügt, um vollkommen den Kopf zu verlieren und sich gegen ihr eigenes Blut zu stellen (hier also gegen den Minotaurus, der, Monster hin oder her, immerhin ihr Bruder ist).

Ariadne (*ari-hagne* auf kretisch) bedeutet so viel wie »mehr als jungfräulich« oder »reiner als rein«. Rein – gut und schön, aber auch untreu genug, um Theseus im Tausch gegen das übliche Heiratsversprechen ein Wollknäuel zu geben, das es ihm erlauben sollte, das Labyrinth zu betreten und zu verlassen, als wäre es sein Zuhause. »Befestige ein Ende am Eingang und rolle, wohin du dich auch wendest, diesen Faden ab«, sagte sie. »Nur auf diese Weise wird es dir gelingen, den Rückweg zu finden. Doch schwöre mir bei Hestia und allen Göttern des Hauses, daß du, wenn du dann nach Athen aufbrichst, mich als Braut in deine Heimat führst!«

Theseus schwor, nur daß ihm, als er nach getaner Arbeit aus dem Labyrinth hinauskam und Ariadne schon mit gepackten Koffern beim Schiff warten sah, doch etwas mulmig zumute wurde.

»Was soll ich ihr jetzt sagen?« muß er wohl gedacht haben, während er ihr an Bord half. »In Athen habe ich doch schon eine Verlobte, Aigle, und die ist so eifersüchtig, daß sie mir die Augen auskratzt, wenn sie mich mit einer anderen Frau sieht!«

Nun kann man nicht sagen, daß Ariadne ihm nicht gefiel. Mein Gott, nein. Doch ein Flirt ist eine Sache, ein gemeinsames Leben bis in alle Ewigkeit eine andere! Aber diese Ariadne hatte sich das mit der Heirat in den Kopf gesetzt und ließ Theseus keine Minute aus den Augen. Sie klebte ständig an ihm und seufzte: »Ach, wie sehr ich dich liebe. Ach, wie sehr ich dich doch liebe!« Und dann, gleich darauf: »Liebst du mich auch so?« Kurzum, sie war ziemlich anstrengend. Außerdem hatte Theseus an Frauen nun wirklich keinen Mangel. Noch bevor er aus dem Labyrinth gekommen war, hatte er es mit zwei Jungfrauen getrieben, die dem Minotaurus hatten geopfert werden sollen, Periboia und Phereboia, die vielleicht aber auch nur aus reiner Dankbarkeit zugestimmt hatten.

Kurz und gut, Theseus war furchtbar nervös. Der Wind blähte die Segel seines Schiffes und trieb es rasch auf das griechische Festland zu, und je näher sie kamen, desto auswegloser erschien ihm die Lage. Was soll ich denn nur tun? dachte er. Soll ich sie erwürgen, vergiften, ins Meer werfen? Da kam ihm plötzlich eine Idee. Vor seinen Augen erschien eine kleine, wunderschöne, üppig bewachsene Insel.

»Schau mal, Geliebte, welch zauberhafter Ort!«

sagte er zu Ariadne. »Ein Platz für die Götter. Warum legen wir uns nicht ein wenig in den Schatten jener blühenden Mandelbäume?«

Die Insel hieß Naxos und zeigte sich wirklich von ihrer allerbesten Seite. Feinster Sand, von kristallklarem Wasser bespült, und wenige Meter dahinter eine von blühenden Obstbäumen gesäumte Wiese voller Margeriten. Es wird erzählt, daß sich Theseus und Ariadne in einem Hain vor indiskreten Blicken geschützt mehr als eine Stunde liebten, wonach das Mädchen glücklich in tiefen Schlummer fiel. Doch darauf hatte Theseus nur gewartet. Auf Zehenspitzen schlich er zum Schiff zurück, gemahnte seine Mannschaft zu größter Ruhe und stach eilig in See mit Kurs auf Athen.

Als die arme Ariadne erwachte und feststellte, daß sie ganz alleine war, wollte sie ihren Augen nicht trauen. Theseus, ihr geliebter Theseus, der ihr vor wenigen Minuten noch ewige Liebe geschworen hatte, war auf und davon und hatte sie auf Naxos sitzenlassen, ohne ihr auch nur ein paar Zeilen zum Abschied zu hinterlassen. Zu ihrem großen Glück kam aber schon ungefähr zwei Wochen später zufällig Dionysos mit seinem ganzen Gefolge, den betrunkenen Mänaden und Silen, vorbei. Der Gott sah sie, fand Gefallen an ihr und heiratete sie kurzentschlossen, wobei er sie auch noch mit einem ganz besonderen Hochzeitsgeschenk verwöhnte: Unsterblichkeit.

Und was Theseus betrifft, schauen wir uns einmal an, was ihm die arme Ariadne laut Ovid brieflich mitzuteilen hatte:

Wahrlich, barmherziger sind als du die reißenden
Tiere.
Übler mich anvertrauen konnte ich keinem als dir.
Was du hier liest, ich schick' es von jenem Strande
dir, Theseus,
Von dem ohne mich fortführten die Segel dein
Schiff,
Wo so unheilvoll der Schlaf und du mich verraten.
Nicht recht wach, noch träge vom Schlaf, halb lie-
gend, bewegt' ich
Meine Hände, nach dir, Theseus, zu fassen
bemüht.
Niemand da! Fort zieh' ich die Hand und taste
von neuem,
Und auf dem Lager umher fühlten die Arme: Um-
sonst!
Mondschein war's. Ich späh', ob außer dem Ufer
ich etwas
Könne erschaun. Doch sieht nichts als das Ufer
mein Blick.
Hierher lief ich bald, bald dorthin, ohne Gedan-
ken.
Aber der tiefe Sand hemmte den zitternden Fuß.
Über den ganzen Strand hin rufe ich: »Theseus!
Mein Theseus!«
Aber der Name nur hallte von hohlem Gestein.
Und so oft ich dich rief, so oft auch riefen die Fel-
sen.
Helfen der armen Maid wollten die Felsen sogar.
Oft auch kehrt' ich zurück zu dem Bett, das uns
beide empfangen:

160

Und statt deiner berührt' ich die Spuren von dir, die berühren
Irgend ich kann, und das Tuch, welches dein Kör-per gewärmt.
Niedersink ich auf's Bett, und mit strömenden Tränen es netzend,
Ruf' ich: »Es drückten dich zwei. Gib nun die zwei auch zurück!«
Unbarmherziger Schlaf, was hieltest du mich in Betäubung?
Konntest du mich nicht gleich decken mit ewiger Nacht?
Unbarmherzig auch ihr, ihr allzu günstigen Winde,
Allzu eifrig in dem, was meine Tränen erregt!
Unbarmherzig die Hand, die mich und den Bruder gemordet,
Welche den Eid mir schwor, dem ich zu gern nur vertraut!
Wider mich haben der Schlaf und der Wind und der Eid sich verschworen:
Diese drei haben Verrat gegen mich geübt.
(Ovid, *Heroides*, X, 1 ff.)

Während sich die arme Ariadne also noch vor Liebe verzehrt, hält Theseus auf die Insel Delos zu, um Apollon Dank zu sagen, daß er ihn gleich zweimal gerettet hat (vor dem Minotaurus und vor Ariadne). Denn Delos war zusammen mit Delphi der Ort, den der Gott am meisten liebte. Man erzählt, daß Apollon auf dieser Insel als kaum Vierjähriger selbst einen

Tempel errichtete, der nur aus den Hörnern von ihm erlegter Tiere bestand, die so zusammengesetzt waren, daß sie sich ohne Mörtel gegenseitig hielten.

Nach der Opferung gedachte Theseus noch, zusammen mit den sieben Jungfrauen und sieben Jünglingen, die dem Tod entkommen waren, vor dem Tempel einen von ihm selbst erfundenen Tanz aufzuführen: den sogenannten Kranichtanz. Manche Historiker halten dies für das erste Mal, daß Männer und Frauen zusammen tanzten.

Hier führte Theseus auch mit seinem Gefolge einen Tanz auf, der noch bei den Deliern üblich sein soll und zur Darstellung der Windungen und Irrgänge des Labyrinths aus mancherlei Wendungen und Beugungen bestand.
(vgl. Plutarch, *Lebensbeschreibungen*, Theseus, 21)

Aber Ariadnes Verwünschungen zeigten dann doch noch Wirkung. Denn Theseus vergaß die Segel zu wechseln, wie er es seinem Vater für den Fall eines Sieges über den Minotaurus angekündigt hatte.

Und Aigeus stand auf der hohen Klippe und ließ seinen tränenreichen Blick unablässig übers Meer schweifen. Doch als er das Schiff des Sohnes erkannte, mit schwarzen statt mit weißen windgeblähten Segeln, stürzte er sich hinab in die Tiefe, weil er seinen Sohn von einem ungnädigen Schicksal besiegt glaubte.
(vgl. Catull, *Carmina*, LXIV, 241)

XI

Der Freund Peirithoos

Wenn es in Griechenland um besonders dicke Män-
nerfreundschaften ging, dachte man im allgemeinen
an Orest und Pylades, Achill und Patroklos und an
Theseus und Peirithoos. Es versteht sich fast von
selbst, daß es in diesen Freundschaften immer auch
eine homosexuelle Komponente gab. Wie schon an
anderer Stelle erwähnt, empörte sich kein Mensch
darüber, daß die jungen Männer damals nicht nur ge-
meinsame Heldentaten vollbrachten, sondern auch
durch zartere Bande verbunden waren.

Peirithoos, Theseus' Busenfreund, war ein Lapither
aus Thessalien und übertraf an Körpergröße die meisten Menschen seiner Zeit. Er war der zweite Sohn
von Dia und Ixion, manche sagen auch von Dia und
Zeus, der zu dieser Gelegenheit als Hengst in Erschei-
nung getreten sein soll. Kaum erwachsen, brachte sich
Peirithoos schon in die Schlagzeilen, und zwar anläßlich eines ziemlich turbulenten Hochzeitsfestes. Und
das kam so: Als der junge Mann Hippodameia heiratete, waren auch seine Vettern, die Kentauren, gela-
den. Leider benahmen sich diese dabei unbeeindruckt

von den Regeln des *savoir-vivre* gehörig daneben. Aufgrund übermäßigen Weingenusses verloren sie vollkommen die Kontrolle und küßten die Braut nicht nur, wie es der Tradition entsprochen hätte, sondern fielen über sie her und versuchten sie mitsamt ihren Mägden zu vergewaltigen. Da sie sich also, wie Plutarch schreibt,

> ... allerhand Mutwillen erlaubten und in der Trunkenheit sich sogar an den Weibern vergriffen, setzten die Lapithen sich zur Wehr und machten einige von ihnen ohne Gnade auf der Stelle nieder, die anderen aber trieben sie, nach ihrer völligen Besiegung, ganz aus dem Lande.
> (Plutarch, *Lebensbeschreibungen*, Theseus, 30)

Wenn Plutarch von »ohne Gnade« spricht, spielt er mit Sicherheit auf die Tatsache an, daß Peirithoos und Theseus bei dieser Gelegenheit ihren sadistischen Neigungen freien Lauf ließen und den Kentauren Nasen und Ohren und wer weiß was noch alles abschnitten. Ovid liefert uns im zwölften Buch seiner *Metamorphosen* (210ff.) einen ausführlichen Bericht dieser Vorgänge. Zart besaiteten Lesern ist von einer Lektüre jedoch abzuraten.

Doch wie lernten sich Theseus und Peirithoos eigentlich kennen? Das ist schnell erzählt: Schon eine ganze Zeit lang hörte Peirithoos immer wieder Lobgesänge auf den Bezwinger des Minotaurus, und das ging ihm allmählich auf die Nerven. Die mit ihrem Theseus, das ist ja nicht zum Aushalten! sagte er sich

164

und faßte teils aus Neid, teils aus dem einfachen Verlangen, sich mit dem Rivalen zu messen, eines schönen Tages den Entschluß, diesen Theseus einmal auf die Probe zu stellen. Er begab sich zu den Ländereien des Helden in der Nähe von Marathon und stahl ihm eine ganze Rinderherde, wobei er darauf bedacht war, ihn wissen zu lassen, auf wen der Diebstahl zurückging. Als Theseus ihm dann folgte, floh er nicht, sondern ging ihm entgegen. Wie in einem Western standen sie sich nun auf offener Straße gegenüber, fest entschlossen, die Sache zwischen ihnen zu klären. Doch dazu kam es nicht, denn als sie einander sahen, gefiel einer dem anderen so gut, daß sie die Waffen sinken ließen und von diesem Tage an unzertrennliche Freunde wurden. So entstand die Theseus & Peirithoos GmbH & Co. KG, das heißt ein Verbrechersyndikat mit dem Geschäftsziel, junge Frauen göttlicher Abstammung zu rauben. Nun mag es seltsam erscheinen, daß sich Helden, also Personen mit ausgeprägter Vorbildfunktion, laufend eines solch abscheulichen Delikts wie dem Entführen von Frauen zum Zwecke der sexuellen Befriedigung beflecken konnten. Doch wie bereits häufiger erwähnt, betrachtete man die Frau vor dreitausend Jahren mehr oder weniger als Konsumobjekt oder bestenfalls als Bedienstete, der man das Haus überließ. Mit anderen Worten, zu Theseus' Zeiten galt die Zustimmung der weiblichen Gegenseite nicht als unabdingbar. So wie wir heute, wenn wir ein Hühnchen verzehren wollen, auch nicht nachfragen, ob es dem Vogel recht ist.

Als weitere Entschuldigung für Theseus können wir

noch anführen, daß er gerade eine ziemlich leidvolle und komplizierte familiäre Auseinandersetzung hinter sich hatte, eine Auseinandersetzung, die tatsächlich so kompliziert war, daß wir hier, um sie zu beschreiben, alle unseren Verstand zusammennehmen müssen.

Die Situation war folgende: Theseus hatte von seiner zweiten (oder dritten) Frau, der Amazone Antiope, einen Sohn namens Hippolytos, der wie seine Mutter der Göttin Artemis treu ergeben war und ein Keuschheitsgelübde abgelegt hatte. Das wäre auch soweit in Ordnung gewesen, wenn Theseus nicht eines schlimmen Tages Antiope verstoßen hätte, um mit der jüngeren Schwester von Ariadne, Phaidra nämlich, zusammenzuleben. Das Sühnen der Schmach, die man ihrer früheren Königin angetan hatte, übernahmen die Amazonen, die kurz darauf Athen angriffen und so einen langen, blutigen Krieg mit zahlreichen Opfern auf beiden Seiten auslösten. Damit noch nicht zufrieden, betete Antiope zu Aphrodite, sie möge dafür sorgen, daß sich Phaidra in ihren Sohn Hippolytos verliebe. Pausanias erzählt, das Mädchen habe sich tatsächlich in den Jüngling verguckt, als sie ihn heimlich beobachtete, wie er vollkommen nackt im Stadion von Troizen trainierte.

Phaidra sah vom Tempel der Aphrodite Kataskopia (»der Zuschauenden«) aus, wie Hippolytos für den Wettkampf übte, und entflammte für ihn.
Dort bei dem Tempel wächst auch immer noch der Myrtenbaum mit den durchlöcherten Blättern, denn als Phaidra keinen Ausweg mehr wußte und

keine Erleichterung ihrer Liebe fand, da ließ sie
sich an den Blättern dieses Myrtenbaumes aus.
(vgl. Pausanias, *Reisen in Griechenland*, II, 32, 3)

Hippolytos hielt aber an dem der Artemis gegenüber abgelegten Keuschheitsgelübde fest und wies das Mädchen entschieden zurück. Nun muß jedoch erwähnt werden, daß ihm diese Keuschheit absolut nicht schwerfiel: Er haßte nämlich die Frauen und alles, was irgendwie mit Sex zu tun hatte. Wie auch der folgende Monolog aus der Euripidestragödie, die seinen Namen trägt, beweist:

»O Zeus, warum hast du die Weiber, dieses
falsche Geschlecht, in dieses Sonnenlicht ge-
pflanzt? Wenn es dein Plan war, daß sich das
Menschengeschlecht vermehrt, so sollte das ganz
ohne Frauen geschehen. In deinen Tempeln müßte
man mit Geld, mit Gold, mit Eisen oder Erzge-
wicht der Kinder Samen kaufen. Und die Men-
schen sollten in freien Häusern leben ohne Frau.
Wie groß dieses Übel ist, zeigt der Vater schon, der
ein Mädchen zeugt, es aufzieht und dann mit
hoher Mitgift ausstatten muß, um sich von ihm zu
befreien. Wer in sein Haus die Unglückspflanze
setzt, putzt selber noch das üble Bild heraus,
hängt Schmuck ihm, hängt ihm schöne Kleider
um, und dem Ärmsten schmilzt der Wohlstand
schnell dahin. Glücklich daher, wem eine Null,
ein unscheinbar einfältiges Weib ins Haus gezo-
gen ist. Nur keine kluge, allzu schlaue Frau! Den

167

schlechten Sinn pflanzt Kypris eher in die klugen
Seelen, und die ungeschickte Frau bleibt durch die
Einfalt von dem Laster fern. Nie wird mein Herz
des Weiberhasses satt. Sie sind und bleiben eine
schlimme Brut. So lang man sie zum Guten nicht
bekehrt, sei meine Feindschaft ihr gewisses Teil.
(vgl. Euripides, *Hippolytos*, II, 49 ff.)

Vergeblich bemüht sich Phaidra auf tausenderlei Weise,
ihm die angenehmen Seiten der Frauen schmackhaft zu
machen. Er jagt sie fort und bewirft sie dabei noch ausgiebig mit Dreck.

»Verflucht seist du, o Weib! Du kamst, um Wir-
rung mir zu stiften in des Vaters reinem Bett. Du
übles Weib, mit frischem Wasser spül' ich solche
Reden mir aus meinem Ohr. Mich hieltst du für
verrucht? Mich hat das bloße Hören schon be-
schmutzt! Dich rettet einzig meine Frömmigkeit.
Den Ahnungslosen fingst du mit dem Schwur,
sonst wäre rasch der Vater eingeweiht.«
(vgl. ebda., II, 74 ff.)

Phaidra fühlte sich durch die Zurückweisung so be-
leidigt, daß sie zu Theseus eilte und ihm eine etwas
andere Version der Geschichte auftischte, eine genau
umgekehrte nämlich, und Hippolytos der versuchten
Vergewaltigung beschuldigte. Sie warf sich ihrem Gemahl zu Füßen, die Gewänder zerrissen und das Gesicht mit Kratzern übersät, die sie sich selbst zugefügt
hatte, und schrie weinend: »Dies ist das Werk deines

Sohnes Hippolytos: Er wollte mich fleischlich besitzen!«

Zunächst weigerte sich der Held, ihren Worten Glauben zu schenken. Doch dann, überzeugt von ihrem Weinen und den eindeutigen Zeichen der Gewalt, flehte er zu Poseidon, dem Gott der Meere, er möge den mißratenen Sohn so schnell wie möglich sterben lassen. Was dann auch tatsächlich am folgenden Tag schon geschah: Hippolytos war mit einem Viergespann auf dem Weg nach Epidauros, als er von einem gewaltigen Seebeben überrascht wurde. Eine riesige Welle rollte gegen die Küste, erfaßte sein Gefährt und riß ihn vom Wagen. Im Fallen verfing sich jedoch sein Fuß in den Zügeln, und so wurde er einige hundert Meter von den scheuenden Pferden mitgeschleift, bis er schließlich mit dem Kopf gegen eine Felswand geschleudert wurde und starb. Als Phaidra von dem Unglück erfuhr, erhängte sie sich an einem Deckenbalken. Für nähere Informationen schlage man bei Euripides nach.

Doch kommen wir zu dem Gespann Theseus & Peirithoos zurück. Mittlerweile waren die beiden Kameraden so um die Fünfzig und konnten es immer noch nicht lassen, sich ein wenig auf Kosten ihrer Mitmenschen zu amüsieren, womit natürlich insbesondere die weiblichen gemeint sind. Gerade hatten sie den Entschluß gefaßt, zwei Töchter von Zeus zu entführen. Aber welche? Ihre Wahl fiel auf Helena und Persephone. Zunächst sollte Helena, damals gerade zwölfjährig, an die Reihe kommen. Nach erfolgreicher Operation wollten sie um das Mädchen würfeln, wobei der

Sieger jedoch verpflichtet sein würde, dem anderen beim Raub der Persephone beizustehen. Alles lief glatt, und Theseus gewann. Er vertraute Helena seiner Mutter Aithra an und trug ihr auf, die junge Dame ein wenig zu mästen, da sie für seinen Geschmack noch zu wenig Fleisch auf den Rippen hatte.

Der Raub der Helena war tatsächlich ein Kinderspiel gewesen. Die Entführer paßten das Mädchen nach ihrer Tanzstunde im Tempel der »Aufrechten Artemis« mit dem Wagen ab und sprachen sie an: »Komm, Kleine, steig auf«, sagten sie, »wir bringen dich nach Hause.« Ohne einen Moment zu zögern, willigte Helena ein, fast so, als habe sie sich schon damals damit abgefunden, geraubt zu werden und wisse bereits von der Rolle, die sie einmal in den Geschichtsbüchern einnehmen sollte. Zornig auf den Raub reagierten hingegen ihre Brüder, die Dioskuren Kastor und Pollux. Auf der Suche nach Helena durchstöberten sie jeden Winkel Griechenlands, bis ihnen eines Tages ein gewisser Akademos, ein eher unbekannter griechischer Held, verriet, daß Theseus und Peirithoos das Mädchen geraubt hatten und in dem kleinen Bergdorf Aphidnai versteckt hielten. Die Dioskuren zögerten nicht lange, griffen zu den Waffen und befreiten die kleine Helena, wobei sie, um es den Entführern heimzuzahlen, die Gefängnisaufseherin, Theseus' Mutter also, mitnahmen. Anscheinend geschah diese überfallartige Befreiungsaktion aber erst einige Jahre nach der Entführung, so daß Helena alle Zeit der Welt hatte, sich schwängern zu lassen und eine Tochter zur Welt zu bringen. Das war die berühmte Iphigenie, die man jetzt aber als Tochter von Helenas Schwester Klytaimnestra ausgab, damit die vermeintliche Jungfrau Helena auch weiterhin auf eine gute Partie hoffen durfte.

Nun aber wieder zu Theseus und Peirithoos. Ihrer Absprache gemäß war jetzt noch Persephone zu rauben, worauf Theseus sicher gerne verzichtet hätte. Doch davon wollte Peirithoos nichts wissen: Zwei Zeustöchter hatten sie sich zu rauben vorgenommen, und zwei sollten es auch werden! Das Unternehmen versprach jedoch kein Spaziergang zu werden. Immerhin war Persephone die Gattin von Hades, dem Herrscher über die Unterwelt. Abgesehen von dessen unangenehmem Charakter gab es auch noch eine ganze Reihe von Ungeheuern der Hölle, die sich einer erfolgreichen Durchführung des Unternehmens in den Weg stellen würden. Andererseits war es ihnen aber auch nicht möglich, sich ein leichteres Opfer zu suchen, da sie durch ein Orakel des Zeus praktisch zu dem Abenteuer verpflichtet waren. So nahmen sich die beiden Halunken vor, offen mit Hades zu sprechen und ihm von dem Befehl zu erzählen, den ihnen der Göttervater persönlich hatte zukommen lassen.

»Warten wir es ab«, sagten sie sich, »am Ende läßt Hades uns Persephone noch ohne den geringsten Widerstand mitnehmen. Vielleicht ist er seine Gemahlin schon lange leid!«

Um dem Fährmann Charon, der Überquerung des Flusses Lethe, dem Höllenhund Kerberos und anderen Tücken dieser Art aus dem Weg zu gehen, betraten sie die Hölle durch den Dienstboteneingang, also eine Höhle in Lakonien, von der ein Weg direkt in den Thronsaal von Hades und Persephone tief im Innern der Erde führte. Die beiden Helden pochten an ein bronzenes Tor und wurden vom Herrscher der Unterwelt persönlich empfangen. Hades hörte ihnen aufmerksam zu. Als sie geendet hatten, schwieg er lange und bat sie dann, auf zwei Steinsesseln, die vor seinem Thron standen, Platz zu nehmen. Er wolle derweil seine Gattin holen gehen. Diese Sitzgelegenheiten wurden jedoch Sessel des Vergessens genannt und waren so geschaffen, daß sie sich, sobald sich jemand darauf setzte, in lebendes Fleisch verwandelten und mit der auf ihnen sitzenden Person verwuchsen. Es wird berichtet, daß Theseus und Peirithoos vier ganze Jahre lang dort festsaßen, unterhalten nur von den Bissen von Kerberos und den Peitschenhieben der Moiren. Dann stieg jedoch zu Theseus Glück Herakles in die Unterwelt hinab und riß ihn mit der bloßen Kraft seiner Arme von dem Sitz los. Dabei soll Theseus allerdings, wie schon mehrfach erwähnt, einen Teil seiner Hinterbacken eingebüßt haben, der an dem Sitz hängenblieb. Das soll auch der Grund sein, warum die Athener noch heute hinten herum ziemlich flach gebaut sind. Peirithoos jedoch war nicht zu helfen. So sehr Herakles auch zog und zerrte, er war einfach nicht loszubekommen.

Nun bleibt uns nur noch zu erzählen, wie Theseus starb. Während seiner Gefangenschaft in der Unterwelt war Athen einem politischen Ränkeschmied in die Hände gefallen, einem gewissen Menestheus, der mit Unterstützung der Dioskuren eine Scheindemokratie installiert hatte. Kaum war dem Demagogen klargeworden, daß Theseus ernsthaft entschlossen war, sich die Macht zurückzuerobern, stachelte er das Volk gegen ihn auf, indem er harte Vorwürfe gegen ihn und seine Familie vorbrachte.

> *»O Volk von Athen, wenn Theseus über euch herrscht, besteht eure Freiheit nur in der Einbildung. Er hat euch eures Vaterlandes und eurer Heiligtümer beraubt, damit ihr, anstatt von vielen guten und rechtmäßigen Königen regiert zu werden, von dem Willen eines einzigen Despoten, der noch dazu ein Fremdling ist, abhängen sollt.«*
> (vgl. Plutarch, *Lebensbeschreibungen*, Theseus, 32)

Da er sich nicht eines Tages mit einem Messer im Rücken wiederfinden wollte, zog es Theseus angesichts dieser Hetze vor, die Stadt zu verlassen und in Richtung Kreta zu fliehen. Ein Unwetter zwang ihn jedoch, auf der Insel Skyros an Land zu gehen, wo König Lykomedes herrschte. Da dieser nun fürchtete, Theseus habe es auf sein Reich abgesehen, brachte er den Helden auf heimtückische Weise um, indem er ihn unter dem Vorwand, ihm die Grenzen seines Gutes zeigen zu wollen, auf eine hohe Klippe lockte. »Schau mal, Theseus, welch schöne Aussicht man von hier oben hat«, sagte er und stieß ihn hinab.

XII

Admetos und Alkestis

Der Günstling ist keineswegs ein Phänomen der heutigen Zeit. Schon zu den Zeiten der Götter und Helden gab es ihn. Admetos zum Beispiel (das wußten alle) war ein Günstling von besonders hohen Gnaden: Egal, was er haben wollte, er brauchte nur die Bemerkung fallenzulassen: »Wißt ihr eigentlich, daß ich ein Kumpel von Apollon bin«, und schon überschlugen sich alle, seinem Wunsch zu entsprechen.

Wie war er nun zum Protegé des Gottes geworden?

Das kam in groben Zügen so: Eines Tages wurde ein Sohn Apollons, der Arzt Asklepios nämlich, von einem Blitz erschlagen, den Zeus gesandt hatte. Zeus strafte Asklepios dafür, daß er es gewagt hatte, Tote zum Leben zu erwecken. Daraufhin hatte sich Apollon seinerseits gerächt, indem er alle Kyklopen vernichtete, weil sie vor langer Zeit einmal Zeus den verhängnisvollen Blitz geschenkt hatten. Die Sache kam schließlich vor das höchste Gericht auf dem Olymp.

Auf der einen Seite stand Hades, der Herrscher der Unterwelt, der darüber Beschwerde führte, wie

*sein Reich Tag für Tag kleiner geworden war, weil
Asklepios alle Menschen heilte, die zur Unterwelt
aufbrechen sollten. Auf der anderen Seite stand
Apollon, der verständlicherweise seinen toten
Sohn, der ihm der liebste war und viel zu früh gestorben war, beweinte. Das Urteil des Zeus sah
nun vor, daß Apollon ein Jahr lang im Dienste
eines Sterblichen Arbeit tun sollte.*

(vgl. Diodorus Siculus, *Geschichtsbibliothek*, IV,
71)

Zeus' Wahl fiel auf Admetos, den König von Pherai,
einen griechischen Helden, der zuvor schon an einigen
prestigeträchtigen Unternehmungen wie der Eroberung des Goldenen Vlieses und der Kalydonischen
Eberjagd teilgenommen hatte. Nun sollte sich also
Apollon ein Jahr lang um Admetos' Vieh kümmern.
Selbstverständlich behandelte Admetos den Gott auf
die bestmögliche Weise und stellte ihm die gesamte
Dienerschaft zur Verfügung. Apollon seinerseits
dankte es ihm, indem er dafür sorgte, daß alle Kühe
aus Admetos' Herde Zwillinge warfen. Wirklich un-
verzichtbar war Apollons Unterstützung dann aber,
als Admetos sich in Alkestis, die wunderschöne Tochter von König Pelias, verliebte.

*Pelias, der König von Iolkos, verlangte, daß jeder
Anwärter auf die Hand seiner Tochter einen
Wagen lenken sollte, der von einem Löwen und
einem wilden Eber gezogen wurde. Diese Prüfung
schreckte Admetos nicht. Denn mit Hilfe Apollons*

zähmte er die Bestien und erhielt zum Lohn die so
begehrte Königstochter. Da geschah es, daß er bei
dem Hochzeitsfeste das Opfer für Artemis vergaß,
und die Göttin, darob erzürnt, rächte sich bitter.
Als Admetos nämlich zu seinem Ehelager kam,
fand er statt der lieblichen nackten Braut einen
sich windenden Haufen zischender Schlangen.
Daraufhin riet ihm Apollon, den Zorn der Göttin
mit den nötigen Opfern zu besänftigen.
(Apollodor, *Mythologische Bibliothek,* I, 9, 15)

Auch nach der Hochzeit ging die Protektion des Gottes
für Admetos weiter. Eines Abends machte Apollon die
drei Moiren betrunken und luchste ihnen das Versprechen ab, daß Admetos nicht sterben würde. Oder genauer gesagt sollte Admetos selbst seinen Tod ver-
schieben können, wenn er an seinem Todestag einen
Menschen finden würde, der bereit war, an seiner
Stelle zu sterben. Als Apollon ihm die gute Nachricht
mitteilte, kamen Admetos die Tränen. »Vielen Dank,
göttlicher Apollon, für das tolle Geschenk«, sagte er.
»Und ebenso dankbar wie ich werden auch meine Mutter und mein Vater sein, die immer wieder beteuert
haben, daß sie jederzeit dazu bereit wären, ihr Leben
für ihren einzigen Sohn zu opfern.«

Als sich jedoch Thanatos, der »die Toten einsam-
melnde« Gott, im Palast bei Admetos einfand und den
ihm zustehenden Tribut einforderte, entwickelte sich
die Sache nicht gerade so, wie Admetos erwartet
hatte. Der erste, der einen Rückzieher machte, war
sein Vater Pheres.

»Was heißt das schon, ich hab's dir versprochen«, protestierte er. »Manche Sachen sagt man halt so dahin... aus Zuneigung... um ein Gefühl auszudrükken... das kann man doch nicht wortwörtlich nehmen!«

»Aber du bist doch alt, o Vater«, erwiderte Admetos, »was glaubst du denn, wie viele Tage dir noch bleiben?«

»Das ist allein meine Sache. Wie willst du wissen, wieviel Zeit mir noch gegeben ist? Nein, nein, mein Junge, bei diesem Thema ist sich jeder selbst der Nächste. Aber frag doch deine Mutter. Die steht ja schon mit einem Bein im Grab. Der Arzt hat ihr nur noch ein paar Monate gegeben.«

Doch auch seine Mutter, die greise Periklymene, zeigte keine große Bereitschaft, ihrem Sohn zu helfen.

»Ich soll krank sein? Wie kommst du denn darauf? Mir geht's doch wunderbar! Und außerdem, weißt du, was mir die Ärzte gesagt haben? In den letzten Jahren soll die Medizin wirklich enorme Fortschritte gemacht haben.«

Kurzum, der arme Admetos fand niemanden, der an seiner Stelle zu sterben bereit gewesen wäre. Die Zeit verstrich, und er mußte sich etwas einfallen lassen. Thanatos hatte gesagt, daß er ihm ausnahmsweise und nur Apollon zuliebe eine Frist von vierundzwanzig Stunden einräumen werde. Admetos hatte schon jede Hoffnung aufgegeben, als man ihm berichtete, in der Nähe habe eben an jenem Tag eine blutige Schlacht zwischen Lokrern und Phokern mit zahlreichen Verletzten auf beiden Seiten stattgefunden. »Da müßte ich doch jemanden finden, der im Sterben liegt!« dachte der Held und machte sich ohne Zögern auf den Weg zum Schlachtfeld.

Dort angekommen, bot sich ihm ein Bild des Grauens. Wohin er den Blick auch wendete, nichts als Tote und Schwerverletzte. Zynischer ausgedrückt könnte man auch sagen – hier schien die Qual der Wahl das einzige Problem.

Leider gestaltete sich die Sache schwieriger als erwartet. Die am schwersten Verletzten starben ihm, ohne noch etwas zu sagen, unter den Fingern weg. Und alle anderen weigerten sich, jenen schicksalhaften Satz, der ihm zumindest für die nächsten zehn Jahre Ruhe vor Thanatos verschafft hätte, auszusprechen: »Ich sterbe anstelle von Admetos!«

So wanderte er zwischen den Leichen herum, als er plötzlich direkt vor sich ein lautes Röcheln vernahm. Da lag ein Schwerverletzter, dessen Seele sich gerade zu den Göttern aufmachte. Seine Augen waren halb geschlossen, und aus seinem Mund lief ein Rinnsal Blut. Aufgeregt näherte sich Admetos: Der Mann lebte noch! So nahm er behutsam dessen Kopf in beide Hände und flüsterte ihm ins Ohr:

»Mein Freund, sprich mir nach: Ich sterbe…«

»Ich sterbe…«, raunte der Soldat.

»Anstelle…«

»Anstelle…«

»Von Admetos.«

»Und warum soll ich das sagen?« fragte der Sterbende, ohne den Satz zu Ende zu bringen.

»Weil du im Sterben liegst«, antwortete Admetos.

»Ja und?«

»Wenn du mir diesen Satz nachsprichst, kann dein Tod mein Leben retten.«

»Mein Tod? Wer sagt denn, daß ich sterbe?«

»Das sieht man doch. Mit dir geht es zu Ende.«

»Was redest du denn da?« schrie der Schwerverletzte und richtete sich ruckartig auf. »Da kommen ja auch schon die Sanitäter.«

Kurzum, Admetos fand niemanden, der bereit gewesen wäre, sein eigenes Leben auch nur um eine Sekunde zu verkürzen, um so Admetos' Leben um mindestens zehn Jahre zu verlängern. Mutlos und vielleicht auch ein wenig enttäuscht vom Egoismus der Menschen, ließ sich der Unglückliche nach Hause bringen. Die vierundzwanzig Stunden waren bald vorüber, und da wollte er lieber im eigenen Bett sterben. Als er jedoch seinen Palast betrat, sah er oben an der Treppe seine Frau Alkestis stehen: In der Hand hielt sie einen Kelch mit Gift. Alkestis hob das Gefäß, als wolle sie auf Admetos' Gesundheit anstoßen, und sagte: »Ich sterbe anstelle von Admetos!«

Und genau hier setzt die Tragödie *Alkestis* von Euripides ein. Sie, Alkestis, ist noch nicht tot: Sie wartet darauf, daß die Wirkung des Giftes einsetzt. Admetos ist bei ihr, hält ihre Hand und schaut sie dankbar und mit Tränen in den Augen an. Zu ihren Füßen sind ihre beiden Kinder, ein Junge und ein Mädchen. Die Frau richtet zum letzten Mal das Wort an ihren Gatten:

»Admetos, da du siehst, wie's um mich steht, will ich, ehe ich hinabgehe, dir sagen, was mein Herz

*bewegt. Weil ich dich ehre, hab' ich dies für dich
getan, daß du den Tag statt meiner schauen darfst,
indes ich sterb', wenngleich mich nichts zu sterben für dich zwingt. Vater und Mutter, dein eigen
Blut, verrieten dich, den einzigen Sohn. Doch jetzt
besinne dich auf deinen Dank! Was ich erbitte,
kann nicht so schwer wiegen wie deine Schuld.
Versprich mir, daß du ihnen, unseren Kindern,
dich neu vermählend, keine andere Mutter gibst.
Denn tritt sie ins Haus, die zweite Frau, so grollt
sie schon den Kindern; selbst die Viper ist nicht
grausamer. Dem Knaben ist der Vater wohl ein
starker Turm. Doch Mädchen, was würde für dich
die neue Mutter sein? Gewiß wäre, daß sie mit bö-
sem Leumund dich bewirft und dein Glück zer-
stört, wenn du selbst zur Ehe aufgeblüht. Doch
du, Admetos, wirst immer sagen können, daß die
edelste der Ehefrauen die deine war, und ihr Kinder, daß die beste Mutter euch gebar.«*
(vgl. Euripides, *Alkestis*, 280 ff.)

Admetos gibt ihr das Versprechen. Er wird niemals
wieder heiraten, und er wird nicht nur ein Jahr lang
Trauer tragen, sondern sein ganzes Leben.

*»Kein Festschwarm mehr und kein Mahl mit
Zechgenossen, nichts von Kränzen und Gesang,
der sonst durchs Haus mir weht, wird es für mich
noch geben. Auch schlage ich künftig nicht mehr
die Saiten der Leier, und ich singe zu der libyschen
Flöte nicht, um mein Herz zu laben. Denn du*

nimmst mir alle Freude fort. Doch was du warst,
soll, von kundiger Bildhauerhand geformt, auf
meinem Lager ruhen. Ich liege ihm dann zur
Seite, umfasse es mit der Hand und rufe deinen
Namen, Allgeliebte du.«
(vgl. ebda., 343 ff.)

Alkestis blickt ihn zweifelnd an. Sie weiß nicht, ob sie
ihm glauben soll. Wird er es tatsächlich schaffen, sein
ganzes Leben lang Trauer zu tragen? In diesem Moment ist er wahrscheinlich ernsthaft dazu entschlossen, aber dann... man weiß ja, wie sich solche Sachen entwickeln: Die Zeit vergeht, und der Schmerz
läßt nach. Und als dann Admetos zu klagen beginnt:
»O weh, o weh, was soll ich bloß ohne dich anfangen?!« tröstet sie ihn mit dem Sprichwort:

chrónos o maláxei oudén o catathranòn
(ebda., 381)

was sinngemäß soviel bedeutet wie »Der Tote ruht
und der Hinterbliebene kommt zur Ruhe«. Alkestis
hat jedoch nicht mehr die Zeit, den Gedanken weiter
auszuführen, und stirbt. Die Diener heben sie auf und
tragen sie laut klagend hinter die Bühne. Admetos
folgt weinend mit gesenktem Haupt dem Trauerzug.
  Wenige Sekunden vergehen, und plötzlich steht
Herakles auf der Bühne. Der berühmte Held ist auf
der Durchreise auf dem Weg zu seiner neunten Arbeit
(die mit den Rossen des Diomedes) zufällig vorbeige-
kommen und bittet um ein Lager für eine Nacht. Der

Diener, der ihn empfängt, will ihm gerade klarma-
chen, daß er sich einen denkbar schlechten Augenblick für seinen Besuch ausgesucht hat, als Admetos
zu ihnen tritt.

ADMETOS: *Sei gegrüßt, o Sohn des Zeus!*
HERAKLES: *Sei auch du gegrüßt, Admetos, Herr der*
Thessaler. Doch sag, wieso trägst du
Trauer und das Haupthaar geschoren?
Raffte vielleicht Thanatos deinen Vater
hinweg?
ADMETOS: *Nein... es starb eine Frau...*
HERAKLES: *Die dir nahe stand? Deine Mutter etwa?*
ADMETOS: *Nein, eine Frau... eine Frau, die ich gut*
kannte...
HERAKLES: *Es schmerzt mich, dich so zerknirscht zu*
sehen. Da scheint es recht, anderen Orts
um ein Lager zu bitten.
ADMETOS: *Nein, nein, ich erlaube nicht, daß du zu*
jemand anderem gehst. Was geschehen
ist, ist geschehen, wer gestorben ist, ist
tot. Du bist mir herzlich willkommen.
Ruhe dich nur bei mir von deiner langen
Reise aus. Und du, Diener, geleite die
Gäste zu ihrem Schlafgemach und be-
wirte sie mit Speis und Trank. Und
schließe die Tür zum Hof, es geziemt sich
nicht, daß ein Gast beim Schmausen
Wehklagen hört und selbst in Gram ver-
sinkt.
(vgl. ebda., 509ff.)

Der Diener wundert sich, daß sein Herr dem Gast den Tod seiner Gattin verschwiegen hat, und kann sich nicht enthalten, ihn darauf anzusprechen. Doch Admetos erklärt ihm geduldig, daß Herakles, hätte er ihm die ganze Wahrheit erzählt, mit Sicherheit nicht im Palast geblieben wäre und daß ihm Gastfreundschaft nun mal über alles geht.

Der Diener verläßt die Bühne, und Admetos' ergrauter Vater Pheres tritt auf. Er will dem Sohn sein Beileid bekunden. Doch dieser will davon nichts wissen.

>>Zu diesem Leichenzug habe ich dich nicht geladen. Und kamst du dennoch, so zähl' ich dich trotzdem nicht zu meinen Freunden. Der Schmuck, den du bringst, wird ihr nicht angelegt. Die Tote braucht die Gaben nicht. Mitleid tat not, als mich Gefahr umschwebte. Doch damals standest du fern und überließest einer anderen, für mich zu sterben. Einer jungen Frau, du der Greis. Wozu jetzt Wehgesänge. Wie viele Tage blieben dir zu leben noch?<<
(vgl. ebda., 629ff.)

Der Alte hört ihm aufmerksam zu, ohne ihn auch nur einmal zu unterbrechen, und erwidert dann im gleichen scharfen Ton:

>>Was ist in dich gefahren, mein Sohn, bewirfst mit dreisten Schmähungen mich, als wäre ich ein Lyder oder ein Phryger, den dein Geld sich kaufte

und den du peitschen kannst, so oft es dir beliebt.
Wisse, ich bin ein freier Mann, ein Thessaler,
eines freien Thessalen Sohn. Und dein scharfer
Spott hat zuinnerst mich verletzt. Nein, so
kommst du mir nicht fort. Ich zeugte dich und zog
dich auf, daß du der Herr des Hauses und vieler
Ländereien wirst; für dich zu sterben brauch' ich
jedoch nicht. Dich freut das Licht des Lebens?
Gut, aber meinst du, mich freut's nicht? Und es ist
schamlos, wie du dich sträubtest gegen den Tod
und jetzt weiterlebst, weil du sie opfertest! Du
sagst, mir fehle der Mut, du Allerfeigster, der du
deine junge, blühende Gattin sterben ließest, ohne
ihr in den Arm zu fallen. Nein, schweig! Denn
glaub mir, wie du selbst das Leben liebst, so lie-
ben's alle!«
(vgl. ebda., 676 ff.)

Nun, so ganz unrecht hat der Alte mit seinen harten
Worten wohl nicht. Admetos hätte genug Zeit gehabt,
seine Gattin davon abzuhalten, das Gift zu schlucken.
Doch was hat er statt dessen getan? Als sie den verhängnisvollen Becher schon geleert hatte, kam er ihr
mit zuckersüßen Beteuerungen in der Art wie »ich
liebe dich so sehr... ich werde dir immer treu sein...
das ganze Leben werde ich Trauer tragen... Festgelage sind ab sofort nicht mehr drin...« und derglei-
chen romantischen Heucheleien mehr. Und apropos
Festgelage: Während sich Vater und Sohn auf der
Bühne die Meinung geigen, hört man hinter den Ku-
lissen Herakles singen. Der Held hat gut gegessen und

getrunken, und gibt nun angeheitert seiner fröhlichen Stimmung Ausdruck. Der Diener, den wir vorhin schon kennengelernt haben, ist empört:

>*Einen schlimmeren Gast als diesen empfing ich nie in Admetos' Haus. Er tritt ein und überschreitet ohne jede Scheu die Schwelle, obwohl er von unserem Leid erfuhr und den Hausherrn in Trauer sieht. Wir bringen ihm zu essen und zu trinken, und er schlürft den Saft der dunklen Traube ungemischt, bis ihn des Weines Glut umlodert und entflammt. Das Haupt bekränzt er sich mit Myrtengrün und johlt in argen Tönen dann, daß laut es schallt durchs ganze Haus. Zweifachen Gesang vernimmt man nun. Von ihm, der singt, gar nicht beachtend des Admetos' Weh, und von uns, den Dienern, die um die geliebte Herrin weinen.*<
(vgl. ebda., 747 ff.)

Herakles tritt auf und merkt, daß der Diener ihn mit finsterer Miene anblickt.

>*He, was ist so ernst und kummervoll dein Blick? Der Diener zeige sich nicht mürrisch vor dem Gast. Nein, freundlich soll er sein und aufgeschlossen. Hast vor dir deines Herren Freund, und du erscheinst mit saurer Miene und verzognen Augenbrauen, nur weil du dich wegen des Todes eines Menschen grämst, der nicht zu deinem Haus zählte. Komm näher, lern' von mir ein wenig Klugheit! Weißt du, wie's sich mit dem Los der*

Sterblichen verhält? Sie sterben! Drum sei heiter,
trinke und begreife: Sicher ist das Heute nur, das
Kommende bleibt ungewiß!«
(vgl. ebda., 773 ff.)

Bei diesen Worten bricht der Diener in Tränen aus und
erzählt Herakles, was sich wirklich zugetragen hat. Im
ersten Moment weigert sich der Held, ihm zu glauben.
Doch als ihm klar wird, daß Admetos ihm den großen
Verlust nur verschwiegen hat, um ihn nicht in eine un-
angenehme Situation zu bringen, sieht er zu, daß er so
schnell wie möglich fortkommt.

Nun betritt wieder Admetos die Bühne. Er ist völlig am Ende. Er hat seine Frau verloren, sich mit
dem Vater überworfen, und sogar der Freund hat ihn
ohne ein Wort des Abschieds verlassen. Er wendet
sich an den Chor und ruft ihn auf, sein Unglück zu bezeugen.

»Ich glaube, meines Weibes Los ist glücklicher als
meines. Denn sie leidet nun nie mehr und rastet
aus von vieler Mühsal. Doch ich, nicht wert zu
leben, wollte dem Tod entfliehen und werde mich
nun noch durch viele düstere Tage schleppen. Im
Haus erinnert mich alles an sie. Ich seh' verwaist
die Kissen meiner Gemahlin, die Sessel leer, in
denen sie geruht. Und die Kinder hängen sich an
meine Knie und schreien laut nach der Mutter.
Und draußen ist mir mancher Feind, und er sagt:
›Sieh diesen an, der schändlich lebt, weil er zu
sterben zu feige war. Ja, schnöde gab er preis, die

er gefreit, nur um dem Hades zu entrinnen. Dünkt
er euch ein Mann?««
(vgl. ebda., 929 ff.)

So weint und klagt er eine Zeitlang, als ganz uner-
wartet Herakles zu ihm tritt, gefolgt von einer Frau,
deren Antlitz und Gestalt ganz unter einem langen
schwarzen Schleier verborgen sind.

»O Admetos, zu einem Freunde soll man immer
offen sein und schweigend nicht verhehlen, was
das Herz bewegt. Doch kein Wort von deines Wei-
bes Tod sagtest du, bewirtetest mich gar, und ich
bekränzt' mein Haupt und aß und trank im Über-
fluß, obgleich das Leid in deinem Haus zu Gast
war. Mein Vorwurf trifft dich, ja mein Vorwurf,
weil du mich gekränkt. Doch höre nun, warum
noch einmal mich der Weg zu dir geführt. Die
Frau hier trete ich dir ab. Obwohl viel Schweiß
rann, ehe sie mein war. Wettspiele sah ich feiern,
frei für jedermann. Von dorther bring' ich sie. Sie
war der Lohn für meinen Sieg.«
(vgl. ebda., 1088 ff.)

Admetos dankt dem Freund für die nette Aufmerksamkeit, lehnt das Geschenk aber ab. Schließlich hat
er seiner sterbenden Gattin geschworen, sich nie wieder mit einer anderen Frau zu vereinen. Und durch
dieses Versprechen fühlt er sich gebunden. Andererseits würde es ihn schon reizen, sie anzunehmen, denn
so von der Figur her erinnert ihn die verschleierte Frau

187

stark an Alkestis. Und nun der Paukenschlag: Herakles nimmt ihr den Schleier ab, und sie ist es! Ja, die Frau ist tatsächlich Alkestis. Herakles ist es gelungen, sie Thanatos abzujagen, bevor dieser noch mit ihr in der Unterwelt angekommen war. Admetos wirft sich zu ihren Füßen nieder, umklammert weinend ihre Knie und ruft immer wieder ihren Namen. Doch Alkestis antwortet nicht, sie ist stumm. Keine Angst, beruhigt ihn Herakles, sie ist ja gerade erst wiederauferstanden. In drei Tagen spricht sie wieder.

Und so endet die Tragödie mit dem Kommentar des Chores:

Vielfach erscheint das göttliche Walten,
Nimmer Erhofftes vollendet sich leicht.
Das glühend Ersehnte erfüllet der Gott nicht,
Wo wir nicht begreifen, weiß er einen Pfad.
Das lehrt uns auch dieses Begebnis.
(ebda., 1159ff.)

LITERATURVERZEICHNIS

Bei den meisten im Text abgedruckten Zitaten handelt es sich um keine wörtlichen; vielmehr wurden sie vom Autor in seinem Sinne bearbeitet. Die folgende Literaturliste möge den Leser jedoch anregen, sich mit den klassischen Autoren, auf die sich der Verfasser bezieht, näher zu beschäftigen.

PAUSANIAS: *Reisen in Griechenland.* In der Übersetzung von Ernst Meyer. München 1986

HERODOT: *Historien.* In der Übersetzung von Eberhard Richtsteig. München 1961

HOMER: *Ilias.* In der Übersetzung von Johann Heinrich Voß. München 1989

HOMER: *Odyssee.* In der Übersetzung von Johann Heinrich Voß. München 1996

APOLLONIOS RHODIOS: *Die Argonauten.* In der Übersetzung von Thassilo von Schefer. Leipzig 1948

DIODORUS SICULUS: *Geschichtsbibliothek.* In der Übersetzung von Adolf Wahrmund. Berlin o. J.

APOLLODOR: *Mythologische Bibliothek.* In der Übersetzung von Christian Gottlob Moser. Stuttgart 1818

OVID: *Heroides, Briefe der Sagefrauen.* In der Übersetzung von Heinrich Naumann, München o. J.

THEOKRIT: *Die echten Gedichte (Idyllen).* In der Übersetzung von Emil Staiger. Zürich und Stuttgart
1970

PINDAR: *Oden.* Vierte Pythische Ode. In der Übersetzung von Ludwig Wolde. München 1958

EURIPIDES: *Tragödien.* In der Übersetzung von Ludwig
Wolde, München 1964

PLAUTUS: *Komödien.* In der Übersetzung von Ernst
Raimund Leander. München 1959

SOPHOKLES: *Tragödien.* In der Übersetzung von Ernst
Buschor. München 1979

PLUTARCH: *Lebensbeschreibungen.* In der Übersetzung
von Johann Friedrich Kaltwasser. München 1964

OVID: *Metamorphosen.* In der Übersetzung von
Michael von Albrecht. München 1994

EURIPIDES: *Hippolytos.* In der Übersetzung von Ernst
Buschor. München 1979